TIM KOCH & GREGOR LAUENBURGER

ALLES CURRYWURST – ODER WAS?

DIE GANZE WAHRHEIT ÜBER DAS KULTOBJEKT

Bibliografische Information der Deutschen Nationalbibliothek
Die Deutsche Nationalbibliothek verzeichnet diese Publikation in der Deutschen Nationalbibliografie; detaillierte bibliografische Daten sind im Internet über portal.dnb.de abrufbar.

Impressum

1. Auflage September 2024
Satz und Gestaltung: Dirk Uhlenbrock/erste liga
Druck und Bindung:
AALEXX Druck Produktion, Thönser Str. 5a, 30938 Burgwedel
Umschlagabbildung: Dirk Uhlenbrock/erste liga
Autorenfotos hintere Umschlagklappe: Philipp Rathmer (Tim Koch), Nicole Cronauge/Bistum Essen (Gregor Lauenburger)

ISBN 978-3-8375-2658-5

KLARTEXT

Jakob Funke Medien Beteiligungs GmbH & Co. KG
Jakob-Funke-Platz 1, 45127 Essen
info.klartext@funkemedien.de
www.klartext-verlag.de

ALLES HAT
NEN ANFANG,
NUR DIE WURST
HAT ZWEI.
ODER MEHR?

INHALTSTOFFE

Schweinefleisch 54%, Speck 27%, Wasser 14%, Speisesalz, Dextrose, Gewürzextrakte (Pfeffer, Kardamom, Knoblauch, Kümmel, Majoran, Macis, Chili, Thymian, Oregano), gemilderter

ALL YOU NEED IS CURRYWURST
HOME IS WHERE MY CURRYWURST IS

CURRYWURST
IS THE
ANSWER
NO
CURRY-
WURST
NO FUN

CURRYWURST IST LIEBE – UND CURRYWURST IST HEIMAT

Wer kennt es nicht – das Gefühl, sich seiner Lieblings-Currywurstbude zu nähern und voller Vorfreunde und innerer Glückseligkeit zu wissen, was gleich passieren wird? Du wirst begrüßt, mal freundlich, mal schroff – aber tief aus dem Innersten der Person hinter der Theke eben maximal herzlich. Und vor allem: ehrlich. Genauso, wie du es erwartet hast.

Hier kennst du dich aus. Du weißt, an genau welcher Ecke der kacheligen Theke bestellt wird und ob du gleich oder später bezahlst – natürlich nur in bar. Du weißt, in welchem Dialekt, mit welcher Tonwahl und Grammatik bestellt wird, um möglichst nicht aufzufallen.

Natürlich sieht die Wurst mit Soße – mit Pommes und Mayo drauf – in deiner Currywurstbude immer gleich aus. Sie wird serviert auf eben diesem Geschirr oder in dieser Schale, die du seit deiner Kindheit kennst. Piekser oder Besteck? Vielleicht eine Serviette? Steht alles da, wo es schon immer stand. Es schmeckt, wie es schmecken muss: perfekt, geil, wie immer halt.

Du betrachtest die Fotos und Zeitungsausschnitte an der Wand. Könntest du mal wieder lesen, es steht aber natürlich nichts Neues drin. Klar. Auf dem Mannschaftsfoto der 1. Herren-Fußballmannschaft kennst du fast alle, die darauf zu sehen sind. Ein bisschen schlanker als heute sind sie auf dem Bild. Dir ist alles sehr vertraut, und du liebst es. Hier bist du zuhause. Du verabschiedest dich. Bis zum nächsten Mal. Ganz sicher.

Die Currywurst in der Imbissbude unseres Vertrauens kann alles und ist wir alle.

Die Magie dieser Orte mit den seit der Kindheit bekannten (mehr oder weniger) freundlichen Gesichtern und der obligaten Einrichtung verzaubert uns und lässt uns hingebungsvoll genießen. Der einzigartige Geschmack und der süßliche Duft von Currywurst haben uns schon in so vielen wundervollen Momenten und Lebenssituationen begleitet und gerettet. Sie sind ein wichtiger Teil von rauschenden Festen und wilden Partys oder lassen uns mit einem kühlen Bier zusammen vom Alltagsstress abschalten.

Die Currywurst hat es bisher noch immer gerichtet. Currywurst ist unsere schönste soziale Schnittmenge und der größte gemeinsame Nenner.

Wir lieben Currywurst und tragen es mit euch in die Welt hinaus! Esst die Currywurst an eurer Lieblingsbude und gebt ihr den Stellenwert, den sie verdient. Es geht um das Erlebnis, um Liebe, Heimat, Gewohnheit, die Menschen und das gute Bekannte. Und um lecker!

Denn alles hat ein Ende, nur die Wurst hat zwei bis drei.

CURRYWURST VON A–Z

A

AM ANFANG WAR DIE WURST.

Airline

Currywurst verleiht keine Flügel. Aber selbst viele tausend Meter über dem Erdboden fliegend muss man nicht unbedingt auf Currywurst verzichten. Die Fluggesellschaft Air Berlin war einst die erste, die Currywurst aus Kalbs- und Schweinefleisch der Marke „Sansibar“ (recht bekannte Strandbude auf der Insel Sylt) an Bord kredenzte. Von 2007 bis zum wirtschaftlichen Ende von Air Berlin im Jahr 2017 – das lag nicht an der Currywurst – war sie mit 150.000 Portionen pro Jahr der beliebteste Snack im Bordcatering der Fluggesellschaft. Dann fehlte der Kulinarik-Klassiker an Bord anderer Fluggesellschaften für einige Jahre, bevor Eurowings im August 2022 die Currywurst mit Soße in seinem Wings-Bistro als Kultgericht aus Berlin einführte.

Alles hat ein Ende, nur die Wurst hat zwei.

Das Lied von Stephan Remmler, Leadsänger der legendären Musikgruppe Trio, aus dem Jahr 1986 greift eine Redewendung auf, deren Herkunft bis in das Jahr 1613 zurückverfolgt werden kann: „Alles hat ein Ende“. Sie stammt aus Francis Beaumonts Komödie „The Knight of the Burning Pestle“. Der Songtitel hat sich mittlerweile als Redewendung etabliert und meint so viel wie „irgendwann hört alles auf“. Dies betrifft auch die bisherige Unklarheit über die Erfindung der Currywurst …

Alter

Schon klar, eine Wurst sollte frisch sein, und über alte Würste wollen wir hier nicht schreiben. Aber welche ist eigentlich die älteste Imbissbude in Deutschland? Neben der Diskussion um die angeblichen Erfinder der Currywurst in den Metropolen Berlin, Hamburg und Ruhrgebiet mit ihren jeweiligen Verkaufs- und Verzehrstellen, gibt es zahlreiche belegbare Budenjahrgänge: Die „Historische Wurstkuchl“ in Regensburg ist die älteste Bratwurstbude und damit der älteste Schnellimbiss der Welt. Das wurde sogar durch ein

Gerichtsurteil bestätigt, nachdem zuletzt im Jahr 2000 die Hersteller der Nürnberger Bratwurst versuchten, Regensburg den Rang abzulaufen. Etwas lächerlich also eigentlich, dass wir uns bei der Erfindung der Currywurst um wenige Monate oder Jahre streiten ...

Hier folgt eine Auswahl von Currywurst- und Imbissbuden mit stattlicher Vergangenheit und Tradition seit Beginn des 20. Jahrhunderts, in Jahrzehnten – ohne Anspruch auf Vollständigkeit:

1930er Jahre
Konnopke's Imbiss, Berlin, seit 1930
Peter Hildebrand, Duisburg, seit 1936

1940er Jahre
Herta Heuwer, Berlin, seit 1949

1950er Jahre
Schanzenbach, Hamm, seit 1950
Zur Bratpfanne, Berlin, seit 1951
Bratwursthäuschen, Bochum, seit 1952
Grillstube Wilhelms, Gelsenkirchen-Horst, seit 1957
Peter Pomm's Pusztetten-Stube, Duisburg, seit 1958
Zum Xaver, Essen-Holsterhausen, seit 1959
Krasselt's Imbiss, Berlin, seit 1959
City Grill, Duisburg, seit ca. 1959

1960er Jahre
Die gute Rote, Imbiss Bläsen, Krefeld, seit 1960
Imbiss im Kirchspiel, Essen-Steele, 1961
Imbiss bei Schorsch, Hamburg, seit 1962
Udos Imbiss Ecke, Stuttgart, 1962
Hirschkampgrill, Oberhausen, seit ca. 1964
Eddi's Durst- und Wurst-Express, Witten, seit 1962
Bier's Kudamm 195, Berlin, seit 1965

Curry Heini, Waltrop, seit 1965
Futterpeter, Bremen, seit 1965
Speckmann's, Herne, seit 1964/5–2018
Mini-Grill, Hamburg, seit 1966
Kultimbiss, Frankfurt, seit 1966
Ballermann, Karlsruhe, 1969–2016
Imbiss Nordmann, Bad Homburg, seit 1969
Erikas Braterei, Mülheim, seit 1969

ab den 1970er Jahren
Gaststätte X, Tübingen, 1971
Erler Grillstube, Gelsenkirchen, seit 1972
Nikolaus-Grill, Wanne, seit 1973
Ziegelhorst-Grill, Duisburg, 1976–2017
Park Grill, Gelsenkirchen, seit 1976
Bergbaugrill, Bochum, seit 1977

Anlass

Eine fast repräsentative Umfrage, welches die besten Anlässe wären, eine Currywurst zu essen, ergab die folgenden Top-Ten-Verzehrsituationen:

- Riesen-Hunger
- Einfach richtig Appetit auf eine ehrliche Currywurst
- Die Olle ist mir abgehauen.
- Neue*r Freund*in
- Nach dem Heiratsantrag im schicken Restaurant, zeige ich meiner Herzdame/meinem Herzbuben noch den besten heißen Scheiß im Dorf. Wir küssen uns innig bei Currywurst und regionalem Dosenbier.
- Der Nachwuchs wurde geboren und wir feiern das beim Babypinkeln mit Bier und Currywurst.
- Junggesell*innenabschied. Alle Mann*Frau, alle voll, alle hungrig, alle satt, alle ziehen weiter.

- Bei einer Hochzeit gibt es nur ein perfektes Mitternachtsessen – die Currywurst.
- Scheidung. Die Currywurst mit einem Pils oder mit einem Piccolo mit dem*der Trauzeug*in wird begleitet von Tränen – und entsprechendem Weinen oder Lachen. Die Umrahmung der Gefühlswelt zwischen Hass, Trauer, Wehmut, Erleichterung und Mut für die Zukunft.
- Beerdigung

Asi-Teller → *Manta Teller*
Umgangssprachliche Bezeichnung für Currywurst mit Pommes als dezenter Hinweis auf ihre Herkunft aus den unteren Gesellschaftsschichten.

Asterix
In einem „Asterix"-Comic, und zwar in der Ausgabe „Dingenskirchen" (erschienen 2018) auf Ruhrpott-Deutsch (im Original „Die Trabantenstadt" von 1974), findet die Currywurst als „Botulus Piperatus", also wörtlich übersetzt „die scharfe Wurst", ihre erstmalige Erwähnung in der berühmten Comicserie, die es bereits seit 1959 gibt.

Auto
Wir wissen nicht, wie viele Portionen Currywurst hierzulande schon die Stoff- und Alcantara-Sitze versaut haben. Eine private Umfrage aber ergab folgende Top 5 an Autotypen, die am besten zum Kultprodukt Currywurst passen:

1. Opel Manta → *Mantateller*
2. Porsche 911
3. VW Käfer
4. Ford Capri
5. Opel Rekord

Autobahn

In den Raststätten der deutschen Autobahnen ist Currywurst die Nummer eins (Quelle: Tank & Rast) – nichts wird von den Reisenden und Rastenden mehr gegessen. Auf Platz zwei, aber schon weit abgeschlagen, folgt Crispy Chicken mit Pommes, den dritten Platz belegt das Knusperschnitzel mit Pommes. Gute Fahrt!

Autobahn-Schild

Genaugenommen heißt es „Touristische Unterrichtsstafel“: Diese Tafeln sind Verkehrsschilder, welche an deutschen Autobahnen auf Landschaften, Baudenkmäler oder Kulturstätten hinweisen. International sowie in Deutschland werden einheitlich braune Hinweisschilder mit weißer Schrift und weißen Piktogrammen verwendet. Da die Currywurst ein deutsches Kulturgut ist und nach unseren Recherchen aller Wahrscheinlichkeit nach im Ruhrgebiet erfunden wurde, haben wir eine Touristische Unterrichtstafel „Metropole Ruhr – Heimat der Currywurst“ beantragt, die an der Autobahn A40 aufgestellt werden soll.

Automat

Mit dem im Jahre 2013 von Nachwuchs-Ingenieur*innen entwickelten „Curry Max“ kommt automatisch alle sieben Minuten eine servierfertige Currywurst in die Schale – heiß geföhnt, klein geschnitten und mit Soße! Der Currywurst-Automat war das Projekt einer Gruppe Siemens-Auszubildender und Studierender der HTW des Saarlands. Bewegte Bilder zur Currywurst auf Knopfdruck gibt es bei YouTube:
→ *https://tinyurl.com/3nafxezw*

Saus-o-Mat

B

BRATWURST IST BRATWURST – ROLLMOPS IST HERING.

Backmischung

Die Backmischung für die Currywurststange ist als Brotbackmischung in einer stylischen Einweckflasche inkl. Rezept erhältlich. Der zubereitete Teig wird zusammen mit Wurststückchen auf einem Holzspieß drapiert, so dass das Arrangement perfekt gegrillt und anschließend mit Currysoße am Spieß verzehrt werden kann. Ein mega Geschenk für Currywurst-Fans!

Bahn

In der sogenannten Bordgastronomie der Deutschen Bahn rollen auch Currywürste mit über die deutschen Schienennetze, zumeist als Angebot auf Intercity- und Intercity-Express-Strecken. So werden in den IC- und ICE-Zügen jährlich ca. 500.000 Portionen Currywurst mit Brötchen verspeist. Warum sie in der Variante „Currywurst mit Brötchen" zusätzlich mit Tortilla-Crunch kredenzt wird, ist uns nicht bekannt. Weniger wäre bekanntlich manchmal mehr ...

Ballermann

Nein, bitte bei Ballermann nicht immer nur an Mallorca und Sangria aus Plastikeimern denken – sondern auch an Currywurst! Denn in Karlsruhe eröffnete bereits 1969 ein Imbiss mit dem Namen „Ballermann 1" und bediente seine treue Kundschaft bis 2016 bis in die frühen Morgenstunden mit der berühmt-berüchtigten „Currywurst Explosiv". Im Zuge der Karlsruher Altstadtsanierung musste der „Ballermann" mehrmals seinen Standort wechseln. Deshalb verlagerte der Inhaber sein Geschäft Ende der 1970er Jahre nach Mallorca, wo er in Palma ein Strandhaus mit der Nummer 6 anmietete: Der Name „Ballermann 6" war geboren. Übrigens: Der Name „Ballermann" ist geschützt.

Berlin

Hauptstadt von Deutschland. Eher nicht wurde hier die Currywurst erfunden.

→ „Alles hat nen Anfang, nur die Wurst hat zwei – oder drei oder mehr?", S. 143

Berliner Currywurst

Am 6. März 2020 wurde die „Berliner Currywurst ohne Darm" vom Deutschen Patent- und Markenamt als geografische Herkunftsangabe eingetragen. Damit darf diese Art der Currywurst nur in Berlin hergestellt werden.

Bier

Das perfekte Getränk zur Currywurst.
Die Top Bierstile bzw. Biere zur Currywurst, empfohlen von Axel Ohm, ÜberQuell Brauwerkstätten in Hamburg:

- Pale Ale, India Pale Ale & Double IPA, weil sie die Schärfe im Curry etwas herunternehmen. Die Fruchtigkeit zu Soße und Wurst ist einfach herrlich!
- **Simcoe 3** von Riegele
- **Pale Ale** von Maisel & Friends
- **In Your Face** von Crew Republic
- **Supadupa IPA** von ÜberQuell
- **I walked with a Zombie** von Sudden Death
- **Mister B** von Buddleship

Wenn man den Mund bereits voller Aromen hat, dann darf es gerne auch ein frisches und sattes Lager sein, zum Beispiel:

- **Prototyp** von Kehrwieder
- **Bayreuther Hell** von Jeff Maisel
- **Urstoff** von Neumarkter Lammsbräu
- **Imperial Lager** von ÜberQuell

BiFi Currywurst
Es gibt ja nichts, was es nicht gibt – und so auch eine Currywurst-Variante in der bekannten BiFi-Familie. Übrigens: Die „Ur-BiFi“ gibt es seit 1972, der Name leitet sich vom englischen Adjektiv „beefy“ (=„kräftig, fleischig“) ab.

Bio
Natürlich gibt es auch bei der Bratwurst eine Bio-Qualität für die Currywurst. Fragt am besten den Metzger eures Vertrauens.

Bismarck
Der ehemalige Reichskanzler Otto von Bismarck soll gesagt haben, dass es mit der (Curry-)Wurst so wie mit der Politik sei: „Man sollte lieber nicht so genau wissen, was da alles drin ist!“

Blattgold
In den 1990er Jahren kam der irrsinnige Trend auf, die Currywurst mit Blattgold zu servieren und das Kultgericht so als höherwertiges Gericht zu zelebrieren – mancherorts sogar serviert mit Champagner.

Bobby&Fritz
Die nationale Marke für Currywurstbuden wurde 2014 gegründet. Der Name ist eine Hommage an die beiden ehemaligen Fußballspieler Bobby Charlton (*1937; Manchester United und Weltmeister 1966 mit England) und Fritz Walter (1920–2002; 1. FC Kaiserslautern; Weltmeister 1954 mit Deutschland).

BOBBY & FRITZ®

Bockwurst

Eine Bockwurst ist eine Brühwurst, die vor dem Garen heiß geräuchert wird. Dadurch erhält sie ihren typischen bräunlichen Farbton. Zumeist wird für die Bockwurst Schweinefleisch verwendet, aber es gibt auch bissfestere Variationen mit Rindfleischanteil. Leider wird auch aus einer Bockwurst manchmal eine Currywurst gezaubert, was wir als falsch erachten!

Brät

Wurstmasse als Basis zur Wurstherstellung

Bratwurst

Eine Bratwurst besteht zumeist aus heller Fleischmasse und Kräutern und wird mit Kochsalz (und nicht mit Nitritpökelsalz) hergestellt. Ohne die gebratene Wurst mit all ihren Facetten würde es keine Currywurst geben. Aber es gibt natürlich viele regionale Unterschiede der Bezeichnungen und Rezepturen: Die beliebte Rote Bratwurst zum Beispiel ist wiederum eine geräucherte Bratwurst mit Nitritpökelsalz. Die Bezeichnung Bratwurst kommt vom altdeutschen Wort *brato* und dem mittelhochdeutschen *brate*, was in etwa *schieres Fleisch* bedeutete. Davon abgeleitet wurde Brät als Bezeichnung für *klein gehacktes Fleisch*. Also: Bratwurst gleich Brätwurst!

Briefmarke

Im Jahre 2011 gab die Deutsche Post eine 45 Cent-Briefmarke mit einem Currywurst-Motiv heraus: Auf der Marke aus der Rubrik „In Deutschland zu Hause – Einfallsreichtum" sind neben der Currywurst auch eine Thermosflasche und ein Teebeutel abgebildet. Wir haben selten eine so hässliche Briefmarke gesehen.

➳—→ Brötchen
Der leckere Begleiter der Currywurst, als Sättigungsbeilage und um die Soße zu dippen. Regional wird das Brötchen mitunter durch Toastbrot- oder Baguettescheiben ersetzt.

➳—→ Brücker, Lena ↦ *Brüderstraße*
Lena Brücker ist die zentrale (fiktive) Figur in Uwe Timms Novelle ↦ *„Die Entdeckung der Currywurst“* von 1993.

➳—→ Brückner, Max ↦ *Berliner Currywurst*
Der Fleischer Max Brückner experimentierte seit ca. 1947 in Sachsen an einer Wurst ohne Darm, denn Naturdarm war nach dem Zweiten Weltkrieg Mangelware. Zur Wurstherstellung wurde das Brät in einen Darm gepresst und steifte dort aus. So erhielt die Wurst ihre Form. Mit der neuen Herstellungsmethode von Brückner behielt die Wurst auch ohne Darm ihre Form. Anfang der 1950er Jahre kam er nach West-Berlin. Hier perfektionierte Brückner die Herstellung und startete den Verkauf seiner darmlosen Wurst. Erster Kunde war die Familie Jankowitz aus Berlin-Spandau. Die „Spandauer ohne Pelle“ kam zusammen mit der beliebten Tomatensoße (nach Herta Heuwers Vorbild) sehr gut an. Später, als auch andere Imbissverkäufer diese Wurst verkauften, setzte sich der Name „Currywurst ohne Darm“ in Berlin durch.

➳—→ Brüderstraße ↦ *Gedenktafel*
In der Hamburger Brüderstraße gab es einst eine Gedenktafel als „Gegenbewegung“ zur Gedenktafel zu Ehren von Herta Heuwer in Berlin. Die Tafel an einem Haus am Großneumarkt – Hausnummer 10 an der Ecke Wexstraße, also ungefähr da, wo nach der Hamburger Version Uwe Timms die Currywurst erfunden wurde – ist mittlerweile nicht mehr vorhanden. Allerdings beinhaltete sie auch einen etwas peinlichen Schreibfehler – es wurde Lena Brückner (mit „n“) und nicht richtigerweise Lena Brücker geehrt.

Brühwurst

Brühwurst ist eine Bezeichnung für Wurstarten wie Wiener Würstchen, Fleischwurst, Bierwurst etc. Die Brühwurst wird klassisch mit Nitritpökelsalz hergestellt. Bei der Herstellung wird rohes Fleisch mit Wasser- oder Eiszugabe aufgeschlossen und anschließend hitzebehandelt, wodurch das Muskeleiweiß gerinnt. So entsteht eine feste Struktur, die Wurst wird schnittfest.

Brunnen

Im Currywurst-Brunnen, der Abwandlung des Schokoladen-Brunnens, fließt erhitzte Currywurstsoße über Brunnenteller von oben nach unten, so dass Wurststückchen beim Hineindippen mit der warmen Soße benetzt werden können. Der Currywurst-Brunnen ist eher ein Gag auf Veranstaltungen als eine ernstgemeinte Form des Currywurst-Genusses.

Bude
Kurzform von Imbissbude, aber auch Seltersbude (Trinkhalle, Kiosk)

Bückeburg → *Fürst zu Schaumburg-Lippe*
Ort in Niedersachsen, an dem angeblich auch die Currywurst erfunden worden sein soll.

Bundeswehr
Erstaunlicherweise scheint das Thema Currywurst in den Kasernen unserer Republik gar nicht so groß zu sein wie außerhalb von ihnen. In der Verpflegung der sogenannten Truppenküchen (Mittagskantine) gibt es keine Currywürste auf der Speisekarte, nur die gute alte Bratwurst. In den Betreuungseinrichtungen allerdings, also abends zum Bierchen, ist die Currywurst für die Soldat*innen zum Glück verfügbar.

C

CURRYWURST
IST DIE LÖSUNG.
FÜR ALLES!

➳ Chili

Die Schärfe einer Currywurst wird zumeist durch die Hinzugabe von Chilipulver in der Currygewürzmischung gesteigert. Dabei kann Chilipulver sowohl eine Gewürzmischung aus z.B. Cayennepfeffer, Kreuzkümmel, Knoblauch und Oregano sein als auch einfach feingemahlener Chili (Cayennepfeffer).

➳ Chillup → *Patent*

Die Wort-Bild-Marke „Chillup" ist eine Zusammenfügung der Worte „Chili" und „Ketchup" und bezeichnet die Currywurstsoße von Herta Heuwer. „Chillup" wurde von Herta Heuwer, verzeichnet am 21. Januar 1959, auf Anmeldung vom 21. Februar 1958, unter der Nummer 721319 als Warenzeichen für „Spezial-Soße" eingetragen. Die Soße soll allerdings auf der Basis von Tomatenmark und nicht Ketchup hergestellt worden sein, beteuerte Herta Heuwer stets. Oft wird behauptet, dass sie das Patent auf ihre Soße angemeldet hätte, was so nicht richtig ist.

➳ Chips „Currywurst Style"

Diese Geschmacksvariante der Kartoffelchips der Marke „funny-frisch" hat natürlich außer ein paar künstlicher Aromen, die dem Originalgeschmack nahekommen sollen, nichts mit dem eigentlichen Produkt Currywurst zu tun.

➳ Cocktail

Ja, Halleluja, es gibt Currywurst-Cocktails!
Der gebürtige Essener Axel Klubescheidt arbeitet seit über 20 Jahren in der Gastronomie. Zuerst in Hotels, dann in der eigenen Bar und nun als globaler Markenbotschafter für „Monkey 47 Gin". Er nimmt uns mit auf einen Drink zur Currywurst:

> „Was bringt die Currywurst in die Bar? Sie ist gut vorzubereiten und einfach und schnell zu servieren – das sind Argumente, die ein Bartender-Herz höherschlagen

lassen. Hinzu kommt, dass man seine individuelle kulinarische, vielleicht sogar regionale Note einfließen lassen kann. Und wie wir alle wissen, ist Regionalität auf dem Vormarsch. Auch und besonders in der Bar! Oft wird in Bars eben diese Wurst als Barsnack serviert."

Job-bedingt verbringt Axel viel Zeit in Bars und mit Bartender*innen, deshalb ist er prädestiniert, die zehn Bars zu präsentieren, in denen er die besten Currywürste verzehren durfte:

- Curtain Club im Ritz-Carlton Hotel, Berlin
- Legends Bar im Hyatt Hotel, Köln
- TA OS Sky Bar, Schorndorf
- Soul Hellcafe, Essen
- The View Skybar im Innside Hotel, Wolfsburg
- Harry's New York Bar im Lindner Hotel, Frankfurt am Main
- Botanic District, Hamburg
- Kalinsiki Wurstwirtschaft & Gin Bar, Saarbrücken
- Imperii, Leipzig
- Piano Bar im Maritim Hotel, Stuttgart

Auf seinen Reisen hat er bisher zwei Cocktails probiert, bei denen die Currywurst bzw. das Curry einen Platz im Glas wiedergefunden haben:

„Curry im Cocktail hört sich erstmal recht abstrakt an. Da sich aber seit jeher Curry und Früchte (zum Beispiel Mango oder Ananas) sehr gut im Essen vertragen, liegt es doch nahe, diese beiden Zutaten auch in liquiden Kombinationen zu vereinen.

Auf einem Zwischenstopp in Bamberg stolperte ich einst in die Ostbar und bekam vom ansässigen Bartender Moritz eine Currywurst-Limonade mit Vodka, Curry-Sirup*, ein wenig Zitrone, aufgefüllt mit Melonenlimonade, kredenzt. Serviert wurde es mit einem Stück Wurst!

Ich habe es als sehr gut in Erinnerung. Bis auf das Sodbrennen am nächsten Morgen. Vielleicht hätte ich nicht drei davon trinken sollen ...
In Köln im Little Link wurde mir der Currywurst-Cocktail auf Vodka-Basis mit einem Tomaten-Paprika-Püree**, Curry-Espuma*** und Serrano-Schinken-Chip gereicht. Etwas feiner in der Komposition, aber auch sehr deftig-heftig im Abgang."

Wem das zu komplex ist, dem seien diese drei Schnäpse für den Genuss oder für die Verdauung nach der Wurst ans Herz gelegt:

- Samtkragen (eiskalter Korn mit einem Hauch Boonekamp gefloatet – der Ruhrpott-Klassiker)
- Mezcal (ein rauchiger Bruder des Tequila aus der Region Oaxaca, Mexiko)
- Aquavit (*der* nordische Kümmel-Kurze nach einem guten Essen)

Rezepte:
*Curry-Sirup: gute Curry-Mischung mit gleicher Menge Wasser wie Zucker einmal aufkochen und gut filtrieren. Kühl lagern.
**Tomaten-Paprika-Püree: je 150 ml gelbes und rotes Paprikapüree mit 500 ml Tomatensaft und ein wenig Zitrone im Mixer pürieren. Mit Worcestershiresoße, Chilisoße, Salz & Pfeffer abschmecken. Kühl lagern.
***Curry-Espuma: 350 ml Wasser mit gutem Currypulver vermengen und 24 Stunden ziehen lassen. Passieren und mit 50 ml Sahne, 50 ml Läuterzucker und 50 ml Eiweiß vermengen, in einen Sahne-Siphon geben und mit zwei Kapseln unter Druck setzen.

Cola → *Rezepte*

Cola, allen voran seit Jahrzehnten „Coca-Cola“, ist die wahrscheinlich häufigste Trinkbegleitung zur Currywurst. Aber auch in jedem zweiten Rezept für Currysoße kommt das Getränk als wichtiger Geschmacks- und Zuckerlieferant vor.

CRRWRST

Unser Lieblingsgericht in „Abdschad“ bzw. Konsonantenschrift ist eine eingetragene Wortmarke. Mittlerweile gibt es auch Klamotten mit dem „Crrywrst“-Schriftzug.

Curry

Eine Gewürzmischung mit bis zu sechzig verschiedenen Gewürzen. Wichtige Bestandteile sind Koriander, Kreuzkümmel, Kurkuma, Ingwer, Bockshornkleesamen, Sellerie, Pfeffer, Zimt, Muskat, Gewürznelke, Kümmel, Fenchel, Kardamom und Salz. Allein wegen der zahlreichen Variationen von Curry-Gewürzmischungen kann die Currywurst nicht überall gleich schmecken – zum Glück!

Curryketchup-Marken → *Körrisaft*

Natürlich gibt es mittlerweile eine große Auswahl an Fertigprodukten, die teilweise auch echt lecker sind! Probieren!

Currynaise

Currynaise ist eine Soßen-Komposition aus Currysoße, Ananassaft und Mayonnaise, erfunden im Jahre 2020 vom Essener Currywurstfan Mats Bill Koch.
Für eine selbstgemachte Currynaise kann man die → *Rezepte für Currysoße und Mayonnaise* verwenden und im Verhältnis 2:1 verrühren. Nach Belieben mit etwas Zitronensaft und/oder Sweet Chili Soße verfeinern.

CurryQueen ⇢ *Gault&Millau*

CurryQueen (2008–2013) war im Jahre 2009 der erste im bekannten Restaurantführer „Gault&Millau“ erwähnte Imbiss!

Currywurst Queen

„Die Currywurst Queen“ wurde 2022/2023 als Musical am Schlosstheater Neuwied aufgeführt. Es beschreibt den Weg von „Dörtes Currywurstbude“ zum Sterne-Restaurant – und wieder zurück.

Currysoße I ⇢ *Rezepte*

Die Soße zur Currywurst ist zumeist eine Tomatensoße mit Currypulver oder ein fertiger Curryketchup, viel zu selten auch eine tolle individuelle Rezeptur des Budenbetreibers.

Currysoße II

Es gibt zahlreiche andersartige Anwendungen von Currywurstsoße, die nicht alle richtig lecker sind, aber aufgrund der persönlichen und pragmatischen Erfahrungen von Weggefährten – und uns – zusammengetragen wurden. Die Gründe für die Aufnahme in die Top Ten liegen an der Grundrezeptur (leider, da kann man nix machen), wurden herbeigeführt durch Qualitätsschwankungen der Zutaten (Tomatenmark hat halt nicht immer Saison) oder hatten ihre Ursache auch in der unsachgemäßen Handhabung der Soße. Die Reihenfolge ist zufällig:

- Abführmittel
- Wandfarbe
- Lotion
- Hai-Köder. Beziehungsweise und nicht zu verwechseln: Wels
- Filmblut
- Weißweinfleckenentferner
- Getränk
- Suppe
- Schaumbad
- Haartönung

Curryvurst

Curryvurst ist die Schreibweise für die vegane Currywurst.

Currywurst

Eine Bratwurst mit Currysoße und auch eine Bezeichnung für Würste, bei denen Currypulver als Zusatz im Brät enthalten ist.

Darum – und um nichts weniger – geht es in diesem Buch.

D

DAS KANN ICH DIR NUR BRATEN!

Dampfwurst
Geräucherte Würste mit Darm, die auch ⇢*Heuwer, Herta* als erstes für ihre Currywurst verwendet haben soll (neben der Spandauer ohne Pelle von ⇢*Brückner, Max*).

Darm ⇢*Brückner, Max*
Das Fleisch für eine Bratwurst wird zumeist im Schweinedarm oder Schafsaitling zusammengehalten. Würste im Kunstdarm erkennt man oft an ihrer „geraden" Form. „Mit oder ohne?" wird man in Berlin bei einer Bestellung an einer Currywurstbude gefragt, denn in Berlin schwören viele Currywurst-Fans auf Würste ohne Darm – also ohne „Haut". Die Wurst ohne Darm entstand in den 1950er Jahren in Berlin anfangs notgedrungen als günstige Alternative zur Wurst mit Darm.

Diät
Es gibt tatsächlich mutige Menschen, die an sich selbst eine Currywurst-Diät ausprobiert haben. Auf Basis der Atkins-Methode, also der Reduzierung von Kohlenhydraten („Low Carb") in Speisen, wird bei dieser Diät nur Currywurst gegessen, natürlich ohne Brot oder Pommes frites. Beim Nachahmen aber bitte Vorsicht, der mögliche Erfolg der Diät ist wissenschaftlich nicht bewiesen.

Dictionary
Der Begriff „Currywurst" wurde im Jahr 2020 ins „Cambridge Dictionary" aufgenommen und ist seitdem offiziell auch ein englischer Begriff.

„Die Entdeckung der Currywurst"
Eine Novelle von Uwe Timm, erschienen 1993. In Erinnerung an seine Kindheit macht sich der Erzähler auf die Suche nach der ehemaligen Besitzerin einer Imbissbude. Er findet sie in einem Altersheim und erfährt, wie es zur Entdeckung der Currywurst kam.

Dittsche

Die „Eppendorfer Grillstation“ ist eine Imbissbude in Hamburg, in der seit vielen Jahren Dittsche, Ingomann und der – leider bereits verstorbene – Schildkröte aus der TV-Serie „Dittsche – das wirklich wahre Leben“ und selbstverständlich die Currywurst zuhause sind. Der echte Chef heißt Oliver und erlebt hier täglich das wirklich wahre Leben. In doppelter Hinsicht sehenswert: Eppendorfer Weg 172 in 20253 Hamburg oder in der ARD-Mediathek.

Dönninghaus

Die Fleischerei Dönninghaus wurde im Jahre 1935 von Otto Dönninghaus gegründet und ist eng mit der Currywurst-Leidenschaft im Ruhrgebiet verbunden. Bereits 1952 gründete Werner Dönninghaus, Bruder von Otto, die bekannte Wurstbude „Bratwursthäuschen am Engelbertbrunnen“ in Bochum. Bochumer, nicht zuletzt Currywurstbarde Herbert Grönemeyer, schwören auf ihre „Echte“, und auch aus dem Fußballstadion des VfL Bochum ist sie nicht wegzudenken. Eine Diskussion mit Bochumern über eine andere Wurst ist sinnlos.

Dose

Irgendwie macht ja kein Behältnis vor der Currywurst halt. Die berühmte Sansibar auf der Insel Sylt zum Beispiel vertreibt ihre fertige Currywurst mit Soße weltweit in einer Blechbüchse.

Down Under

Zwei deutsche Unternehmer haben 2015 in Australien das Projekt „Volkswurst“ gegründet. Die Auto- und Food-Fans haben ihre Leidenschaften vereint und verkaufen in Sydney deutsche Wurstspezialitäten – von der Bratwurst über den Hot Dog bis hin zur Currywurst – aus umgebauten VW Bulli Foodtrucks.

Die Protagonistinnen der Kultserie: Brigitte Grothum als Magda, Gabrielle Schramm als Margot und Brigitte Mira als Oma Färber

Drei Damen vom Grill

Eine 1977 gestartete legendäre Vorabendserie rund um die Currywurst in „Färbers Grill-Treff“, die mit 140 Folgen Kultstatus im deutschen Fernsehen erreichte. Im Mittelpunkt der Serie standen eine Berliner Imbissbude und ihre drei Inhaberinnen: Oma Margarete Färber (Brigitte Mira), Mutter Magda Färber (Brigitte Grothum) und Tochter Margot Färber (Gabriele Schramm). Das West-Berliner Lokalkolorit war sogar untertitelt in Australien zu sehen.

Duden

Erst 1986 stand die Currywurst erstmals im Rechtschreibduden. „Cur-ry-wurst, die. Substantiv, feminin. Mit Curry bestreute, mit Currysoße oder Ketchup übergossene ganze oder geschnittene Bratwurst.“

Duisburg

Ruhrgebietsstadt, hat den größten Binnenhafen der Welt, Industriekultur, Eisen und Stahl, Schimanski, kickende Zebras, Sechs-Seen-Platte, Regattabahn. Und: Alle Indizien sprechen dafür, dass dies der Ursprungsort der Currywurst in Deutschland ist!

„EINMAL WAR ICH FÜR ZWEI WOCHEN AUF DIÄT. ALLES, WAS ICH VERLOREN HABE, WAREN ZWEI WOCHEN.“

GEORGE FOREMAN

Emoji

Emojis sind kleine Bildzeichen wie Smileys, Tiere und zunehmend auch Speisenabbildungen wie Burger, Sushi, Pizza oder Pommes zur Verwendung vor allem bei WhatsApp-Kurznachrichten. Das Unicode Emoji Subcommittee ist weltweit für die beliebten Emojis verantwortlich und als gemeinnütziges Konsortium mit Sitz in Kalifornien, in dem Konzerne wie Microsoft, Apple und Facebook zusammengeschlossen sind, der offizielle Herrscher über die Welt der kleinen Symbole.
Seit jeher fehlt aber leider die Currywurst im Universum der Emojis, und so wurde der Currywurst-Emoji 2022 von Tim Koch (unter Mithilfe der Hamburger Agenturen tellerrand und blood) eingereicht, leider aber ohne Begründung abgelehnt.

Energydrink

Der „Energydrink Currywurst Style" ist vegan (haha!) und kommt in der 250g Slimline(hahaha!)-Dose daher. Made in Germany – aber nicht made mit Wurst.

Entencurrywurst

Die mittlerweile legendäre Entencurrywurst wurde 2008 bei der Neueröffnung des Hotels Breidenbacher Hof in Düsseldorf vom damaligen Küchenchef Michael Reinhardt kreiert und wird in der Tradition des Hauses bis heute vom Executive Chef & Director of Culinary, Philipp Ferber, fortgeführt.

Export

Deutsche Bratwürste werden in über 100 Länder exportiert. Die Abwandlung Currywurst ist zwar noch nicht überall so bekannt, aber das kann ja noch werden ...

F

FRAUEN UND MÄNNER SIND WIE FRÜHSTÜCK, SO GANZ OHNE SPECK IST AUCH LANGWEILIG.

Fast Food
„Schnelles Essen“ ist für den zeitnahen Verzehr gedacht, und dazu gehört natürlich auch die Currywurst.

FC St. Pauli →*Körrisaft*
Der erste Fußball-Bundesligist mit einem eigenem Curryketchup namens „Körrisaft“ war 2008 der Hamburger Fussball-Club St. Pauli von 1910.

Fertiggericht
Eine verzehrfähige Mahlzeit, die vorgegart ist und vor dem Essen meist nur noch erhitzt werden muss. In der Regel handelt es sich um ein Hauptgericht mit Beilagen oder um „Ein-Komponenten-Mahlzeiten“ wie Pizza, Eintopf, Suppe etc. Leider gibt es auch die Currywurst als Fertiggericht. Das schmeckt meistens furchtbar, und darum werden hier höflicherweise keine Markennamen genannt.

Feste & Feiern
Dass Currywurst in allen Lebenslagen das richtige Essen ist, ist unbestritten. Auch für Familienfeiern eignet sich das Leibgericht, um viele Gäste satt und glücklich zu machen – und gleichzeitig das eigene Budget zu schonen, wie Gregor sich erinnert:

> Familienfeste können die ausrichtenden Akteure mitunter vor schwierige Entscheidungen stellen, grundsätzlich herrscht hier das Dilemma: große Feier mit vielen Gästen = große Geschenkeausbeute, aber auch viel Appetit. Anders ausgedrückt: Die Kosten des Caterings verhalten sich proportional zu der zu erwarten-

den Gästeschar und diametral zum Erlös. So erging es wohl auch Bekannten, von denen wir eines Tages eine Einladung für die Erstkommunion-Feier ihres Sohnes im heimischen Garten erhielten. Während das Fest seinen Lauf nahm, offenbarte mir die Mutter des Kommunionkindes die eingangs beschriebene Aufgabenstellung, die eine geplante größere Anschaffung für den Filius sicherstellen sollte. Die Familie löste das Dilemma durch ein paar Pavillons im Garten, was die Kosten für einen anzumietenden Saal gen Null drückte. Das Catering übernahm die „Curry-Fee", die ihre Ape, einen motorrollerangetriebenen Mini-Foodtruck, kurzerhand am Gartenzaun parkte und den hungrigen Gästen das kulinarische Highlight des Feiertages kredenzte: Currywurst bis zum Abwinken!

Diese Idee beflügelte mich für die anstehende Kommunion meiner Tochter Gleiches zu tun, denn die Voraussetzungen waren ähnlich.

So ließen wir also die „Curry-Fee" neben dem Eingang unseres Pfarrsaals Platz finden. Dumm nur, dass dort lediglich ein Stromanschluss verfügbar war. Der Ansturm auf das rollende Buffet lies folgerichtig die Sicherung der Fritteuse, die für die sättigungsbeiliegenden Pommes sorgen sollte, ihren elektrischen

Offenbarungseid leisten. Gott sei Dank (und dies passt ja auch zum kirchlichen Anlass) hatte die Fee vorgesorgt und Toastbrote, natürlich ungetoastet und in dekorativen Dreieckshälften vorgeschnitten, mehr als ausreichend am Start. So verhielt es sich wie schon in biblischen Zeiten am See Genezareth: Zwar gab es keine fünf Fischbrötchen und wir waren dann auch nicht ganz fünftausend, aber immerhin: Alle wurden satt und waren zufrieden!

Fazit: Wer mit vielen Gästen feiern will, hat mit Currywurst im Buffet ein verlässliches, schmackhaftes und preisgünstiges Highlight, das so mancher anderen Buffetvariante locker den Rang abläuft.
Nachahmung dringend empfohlen!

Festival der Currywurst
Seit 2007 veranstaltet die Stadt Neuwied am Mittelrhein jährlich an drei Tagen im Januar das „Festival der Currywurst“. An zahlreichen Imbissständen werden teilweise sehr ausgefallene Wurstvarianten und Soßenkreationen präsentiert. Das Festival ist auf jeden Fall einen Besuch wert.

Fett →*Nährwertkennzeichnung*
Bei Würsten gilt grundsätzlich: Je weniger Fett sie enthalten, desto besser ist die Qualität. Eine Schweinebratwurst als Basis für eine Currywurst besteht zu 25 bis 30 Prozent aus Fett.

Film
Der Spielfilm „Die Entdeckung der Currywurst“ nach der Novelle von Uwe Timm erschien 2008. Ulla Wagner führte Regie, Barbara Sukowa spielt die Hauptrolle der Lena Brücker.

Fleckentferner
Nicht selten verursacht Currysoße unschöne Flecken auf unseren Klamotten. Die hartnäckigsten Übeltäter sind dabei das Fett und das färbende Currypulver. Am besten werden diese Flecken mit Geschirrspülmittel bekämpft: einreiben, einwirken lassen und dann in die Waschmaschine!

Fleisch
Es gibt regional sehr unterschiedliche Auffassungen, aus welchem Fleisch eine Bratwurst für die Currywurst hergestellt werden sollte. Deutschland kann allerdings grob vom Norden mit heller Bratwurst (und leider manchmal auch Bockwurst) nach Süden mit Roter Bratwurst (Schinkenwurst, Krakauer etc.) einteilt werden. Auch die Thüringer Bratwurst eignet sich geschmacklich hervorragend für eine Currywurst! Auch wenn die überwiegende Mehrheit der Currywürste natürlich aus Schweine- und/oder Rindfleisch besteht, gibt es streng genommen keine gesetzliche Vorgabe.

Flüssige Currywurst → *Wurstwasser*
Ja, es gibt sogar eine flüssige Currywurst! In der Produktlinie von „Meat Water" wird die Geschmacksrichtung „Currywurst Deluxe" geführt. Kühl lagern, aber warm trinken!

Foodtruck → *Down Under*
Ein Fahrzeug, aus dem Speisen verkauft werden. So auch in Deutschland, den USA und auch Australien die Currywurst.

Fotografie

Der Essener Food-Fotograf Ian Blasshofer hat 2019 zum (damaligen) Jubiläum der Currywurst in Deutschland zehn sensationelle Currywurst-Szenen und -Rezeptwelten inszeniert und fotografiert.

#CRRYWRST

70 JAHRE CURRYWURST.
An Feinstaub dachte 1949 noch keine Sau.
Volkswagen Ersatzteil Wurst mit Orangen-Currysauce & Pommes frites.

Fotoserie von Ian Blasshofer

#CRRYWRST

70 JAHRE CURRYWURST.

Und England hält es bloß 46 Jahre in der EU aus.
Englische Bratwurst, Curryketchup & Baked Beans.

#CRRYWRST

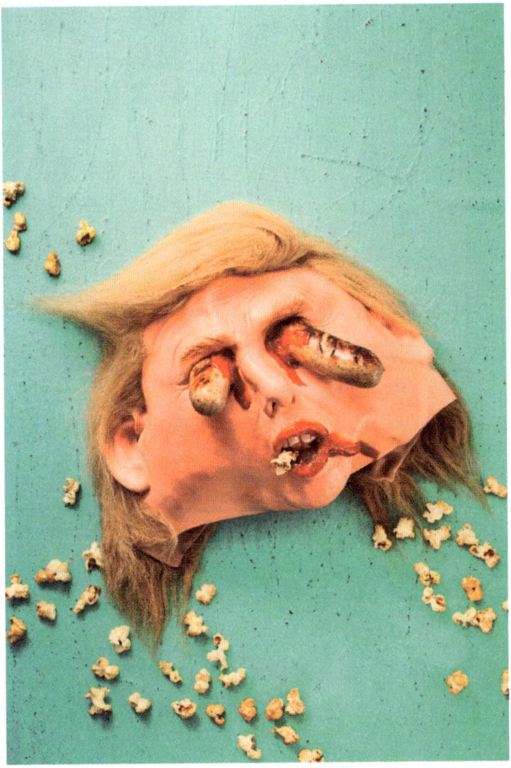

70 JAHRE CURRYWURST.
Was sind da schon 4 Jahre Amtszeit?
Currywurst mit Heinz Ketchup und Curry-Popcorn.

#CRRYWRST

70 JAHRE CURRYWURST.
1949 hätte Wurst sich nicht träumen lassen, dass sie Battis Sauce mal am Strand von Jamaica durchschlägt. Chorizo-Mangospalten-Spieß mit Mango-Curry-Sauce und Schmelzkäse.

#CRRYWRST

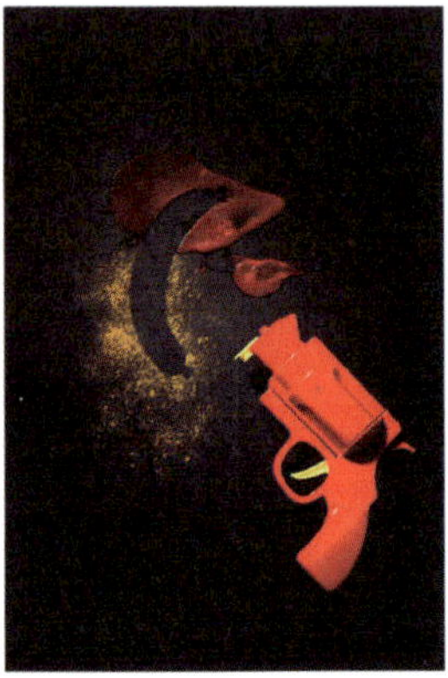

70 JAHRE CURRYWURST.
Volljährig vor dem ersten Tatort und Blau Motor für alle Schimanskis, Ballaufs und Schenks. Thüringer Bratwurst mit Currypulver & Tomatenketchup.

#CRRYWRST

70 JAHRE CURRYWURST.
Da war die Mauer in Deutschland noch nicht gebaut und Melania Trump wahrscheinlich noch nicht geboren. Churros mit Guacamole und grünem Currypulver.

#CRRYWRST

70 JAHRE CURRYWURST.
Als Dosenschießen noch als gesellschaftliche Frage galt. Currywurst mit Bratkartoffel und Hansa Pilsner.

#CRRYWRST

70 JAHRE CURRYWURST.
Sex sells: Bratwurst mit Batwoman-Cola-Curry-Sauce
im Brötchen mit Cocktailkirsche

#CRRYWRST

70 JAHRE CURRYWURST.
Viel Liebe für alle
Wurstschnecke und Kartoffelknödel mit Curry-Himbeer-Sauce

#CRRYWRST

70 JAHRE CURRYWURST.
Und der Vatikan hält erstmalig eine Anti-Missbrauchs-Konferenz.
Weißwurst mit Curry-Senf-Sauce

Fragen
„Wer nicht fragt, bleibt dumm", wissen wir spätestens seit der „Sesamstraße". Das darf auch gern für Lebensmittel angewandt werden. Nicht nur beim Metzger oder im Supermarkt darf gefragt werden, woher das Fleisch kommt. Macht ruhig einmal den Test in der Imbissbude eures Vertrauens und fragt nach der Fleischherkunft der Currywurst – oder auch, welche Pommes und welches Frittieröl verwendet werden.

Frankreich
Unser Nachbarland, welches berühmt für seine kulinarischen Ansprüche und Leistungen ist, ist der größte ausländische Abnehmer deutscher Wurst. Und auch die Currywurst wird in Frankreich mittlerweile verspeist. Legendär ist die Pariser Bude „Le Stube", in der der Deutsche Gerhard Weber nahe des Louvre seit 2010 seine Currywurst serviert.

Fürst zu Schaumburg-Lippe, Alexander
Adel verpflichtet. Und Alexander Fürst zu Schaumburg-Lippe fühlte sich 2018 dazu verpflichtet, die Geschichte um die Entdeckung der Currywurst mit einer weiteren Anekdote zu bereichern. So soll im Jahr 1946 von einem damaligen Koch der Schlossküche, Ludwig Dinslage (verstorben 1987), die Currywurst in der Schlossküche Bückeburgs erfunden worden sein. Diese Story hat der Fürst vom Sohn Dinslages in die Welt gesetzt, der anführt, dass sein Vater im September 1946 für Offiziere der britischen Rheinarmee eine Soße aus Aprikosenmarmelade, Tomatenketchup, Curry und Salz kredenzte. → *Siehe S. 156*

Fußballstadion

Zum Besuch eines Fußballspiels gehören die kulinarischen Highlights Bier und Currywurst. Oft ist der Wursthersteller genauso eng mit der Region und dem Fangefühl verbunden wie der Fußballverein selbst.

Zehn Fußballstadien zum richtigen Verzehr von Currywurst:

- Aachener Tivoli, Aachen
- Böllenfalltor, Darmstadt
- Friedengrundstadion, Villingen-Schwenningen
- Millerntor, Hamburg
- Paloma, Brucknerstraße, Hamburg
- Ruhrstadion, Bochum
- Stadion Niederrhein, Oberhausen
- Stauseekampfbahn, Haltern
- Westfalenstadion, Dortmund
- In memoriam: Marienthal Stadion, Hamburg (abgerissen 2017)

Fußballwurst

Seit 2009 gibt es eine Vereinigung namens „Fußballwurst – Verein zur Steigerung der Bratwurstkultur“, die es sich zur Aufgabe gemacht hat, die beste Bratwurst in deutschen Stadien zu ermitteln.

„GOD IS GREAT, GOD IS GOOD, LET US THANK HIM FOR OUR FOOD."

JIMMY CARTERS TISCHGEBET IM WEISSEN HAUS

Gabel → *Pommesgabel*

Nur die Pommesgabel ist das perfekte Besteckteil für Currywurst – und Pommes.

Gault&Millau

Der berühmte und einflussreiche Restaurantführer „Gault&Millau“ wurde 1969 in Frankreich zum ersten Mal veröffentlicht. Die erste deutsche Ausgabe des nach seinen Erfindern Henri Gault und Christian Millau benannten Führers erschien 1983. Im Jahr 2009 wurde der Hamburger Imbiss → *Curry Queen* als erster Currywurst-Imbiss von ihm ausgezeichnet, musste aber leider im Jahr 2013 schließen.

Gedenktafel

→ *Brüderstraße*
→ *Kantstraße*
→ *Autobahn-Schild*

Geschirr

Currywurst isst man aus oder von einem oder einer:

- Pappschale, der Klassiker
- Porzellanschale in Form einer Pappschale
- Teller
- Becher
- Henkelmann
- Hand (selten)
- Vase, wer kennt das nicht von Hochzeiten oder runden Geburtstagen?
- Topf (die angedickten Reste der Nacht)

Gefühl

Die zehn besten Currywurst-Gefühle:

- belohnt
- verliebt
- besoffen
- hoffnungsvoll
- berauscht
- hungrig
- tatendurstig
- tanzwütig
- satt & zufrieden
- beschämt bekleckert

[Currywurst-]Gerichte

Es gibt Menschen, die ihre Kreativität rund um die Currywurst nicht bremsen können. So entstehen immer wieder spannende, lustige und meist leckere Currywurstgerichte und Abwandlungen wie diese Top Ten hier:

- Blutwurst mit Apfel-Currysoßen-Mus und Kartoffelpüree
- Cabanossi-Curry-Gulasch mit Kartoffeln
- Currywurst im Blätterteig
- Kalbsbratwurst mit Essig-Gurken-Kartoffel-Salat und Bohnenmus
- Gebratene Kochwurst mit Currysoße und Kartoffelsalat auf Mayobasis
- Merguez mit Curry-Feigensoße und Pommes frites
- Curry-Salsiccia mit Fenchel und Brotsalat
- Wildbratwurst mit Curry-Rotkohl-Soße und Knödelscheibe
- Weißwurst mit Curry-Süßsenf-Soße und Laugenbrezel
- Rindswurst mit Currysoße, frischen Champignons und zerlaufenem Ziegenkäse

Geschmacksrichtungen

Nur dass das auch einmal in Zusammenhang mit Currywurst klar ist – es gibt fünf Geschmacksrichtungen: salzig, süß, sauer, bitter und umami.

Geschnitten

Auch bei diesem profanen Thema scheiden sich die Currywurst-Geister. Mancherorts wird die Wurst im Ganzen – mit der Soße übergossen – serviert. Für die meisten Fans allerdings muss eine Currywurst in kleine Scheiben geschnitten sein, damit sich die Soße perfekt darauf verteilen kann. Aber bitte nicht die Wurststücke über lange Zeit in der Soße vor sich hin garen und somit Flüssigkeit ziehen lassen: Das ist Currywurstgulasch und schmeckt nicht.

Gewicht

Die gute Nachricht: Eine Currywurst wiegt stabile 100 bis 120 Gramm und hat über Jahrzehnte nicht zugenommen. Die schlechte Nachricht: Die Waage der Currywurst-Genießer*innen weiß davon nichts.

Gin

Der Currywurst-Gin wird unter anderem durch das Destillieren von Currypulver und Wurst hergestellt. Die Idee entstammt einer Mitarbeiter-Challenge der Berliner Gin Chilla Bar. Definitiv ist das also kein vegetarischer Gin. Prost! Oder: Guten Appetit!

Graffiti, Herkulesstraße in Essen

Graffiti

Ein Graffiti ist ein zumeist gespraytes Bild. Graffitis gehören zur Urban Art – weltweit setzen Künstler*innen ihre Städte und den öffentlichen Raum mit gesprayter Kunst in Szene. So auch in der Herkulesstraße in Essen besonders schön mit Currywurst und Pommes im Motiv!

Greenpeace

Im Zusammenhang mit der Kritik an der Vergabe von Patenten auf Leben meldeten die Umweltschützer von Greenpeace im Jahr 2002 auf Grundlage der Richtlinie 98/44/EG über den rechtlichen Schutz biotechnologischer Erfindungen ein Patent auf „richtig leckere Currywurst“ an. Sinn der Aktion war es, auf die Problematik dieser Art von Patenten und der Unterscheidung von Erfindung und Entdeckung hinzuweisen. Im Fall einer Patenterteilung hätte Greenpeace das Recht gehabt, die Herstellung und den Verkauf von Currywurst allgemein zu kontrollieren oder zu verbieten.

➳ Grill

Ein Gerät für die Zubereitung einer Bratwurst, mit den möglichen Antriebsarten Gas, Strom oder Holzkohle. Gerade in den letzten Jahren erleben Grills eine besondere, zuvor nie dagewesene Wertschätzung, die viele Deutsche zu Grill-Ingenieuren und Fachleuten für Grilltechnik- und -zubehör macht. Leider sind das Interesse und der Anspruch an die Qualität des Grillguts, also Bratwurst und Fleisch, nicht ansatzweise so groß wie an den Grill. Und so kommt es, dass ein 1000-Euro-Grill mit ausgefeilter Gartechnik eine 1-Euro-Wurst grillen muss ...

➳ Grönemeyer, Herbert → *Musik*

Im Jahre 1982 veröffentlichte Herbert Grönemeyer (*1956 in Göttingen) den Song „Currywurst“ im besten Ruhrpott-Deutsch auf seinem Album „Total Egal“. Ein Klassiker, für den Diether Krebs Ende der 1970er Jahre zusammen mit Jürgen Triebel und Horst Herbert Krause den Text geschrieben hatte

Auch wenn die Currywurst Herbert Grönemeyer viel zu verdanken hat, waren wir nach einem Radiointerview 2019 sehr schockiert, als Herbert zugab, eigentlich noch lieber als Currywurst eine Frikadelle zu verspeisen. Hoffentlich wenigstens mit Currysoße, dachten wir – und haben unsere Verwirrung darauf zurückgeführt, dass der Herr Grönemeyer mittlerweile in Berlin wohnt und dort ja keine Ruhrpott-Currywurst bekommt.

H

HUNGER IST
DER BESTE KOCH.

Hanks, Tom
Der amerikanische Schauspieler und Oscar-Preisträger Tom Hanks (*1956 in Concord, Kalifornien) ist ein bekennender Currywurst-Fan und besucht bei Dreharbeiten in Deutschland stets einen Currywurst-Imbiss.

Hamburg
Hamburg ist die schönste Stadt Deutschlands. Leider wurde auch hier nicht die Currywurst erfunden. Hamburg konnte aber durch die Lieferung von „Currypulver Englische Art“ einen wesentlichen Teil zur Entdeckung der Currywurst im Ruhrgebiet beitragen.

Hamburger Gewürz-Mühle
Ein Hamburger Familienbetrieb seit 1930, der in mittlerweile vierter Generation mit Gewürzen handelt und im Jahr 1935 das Currypulver für die Erfindung der Currywurst im Ruhrgebiet lieferte.

Heimat
Heimat ist da, wo die Currywurst am besten schmeckt.

Heiße Hexe
„Heiße Hexe“ ist ein Markenname und war in den 1980er und 1990er Jahren ein populäres Synonym für Essen an Tankstellen und Kiosken aus einem Mikrowellen-Automaten. Neben Burgern und Hot Dogs gab es an über 10.000 Verkaufsstellen in Deutschland natürlich auch Currywurst.

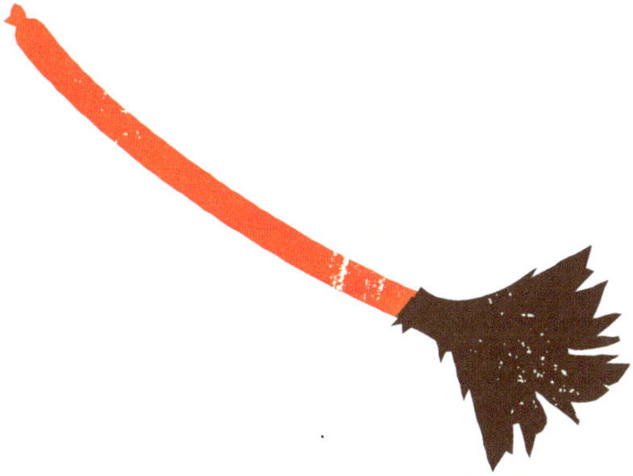

Herman ze German → *Dictionary*
Viele Jahre hat die Filiale von Herman ze German in London die deutsche Currywurst-Fahne in UK hochgehalten. Sie war die Currywurst-Konstante bei jeder London-Trendtour, und die Currywurst hat dort auch richtig gut geschmeckt. Die von Deutschen aus Lörrach gegründete kleine Kette musste im Jahr 2020 – sei es wegen Covid oder des Brexits – ihren Rückzug nach Deutschland antreten. Also just in dem Jahr, als der Begriff Currywurst ins „Cambridge Dictionary" aufgenommen wurde – vielen Dank für so viel Pionierarbeit, Herman ze German!

Hildebrand, Peter Johann (1911–1976)
Hildebrand, Heide (1943–2018)
Currywurst-Pioniere aus Duisburg
→ *„Alles hat nen Anfang, nur die Wurst hat zwei – oder drei oder mehr?", S. 143*

Holzkohle
Es gibt Griller*innen, die schwören auf Holzkohle, um bei der selbstgegrillten Bratwurst über dem Holzkohlefeuer das optimale Aroma für die Currywurst zu „ergrillen". Holzbriketts hingegen sind gepresste Holzkohlestücke in gleichförmiger Statur, manchmal mit etwas Anzündhilfe und Bindemittel vermischt. Sie brennen deshalb bei gleicher Temperatur gleichmäßiger als Holzkohle.

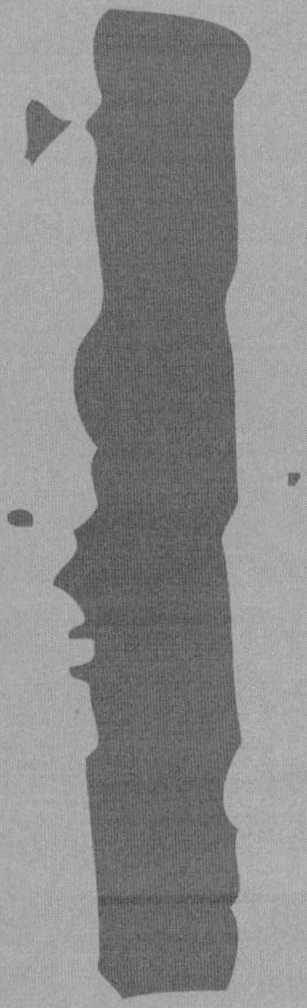

I(S)ST
MIR WURST!

Imbiss

Ein Imbiss ist eine Zwischenmahlzeit und außerdem die Kurzform von Imbissstand, -bude, -lokal etc.

Imagekampagne

1998 startete der Regionalverband Ruhr (RVR) die Imagekampagne „Der Pott kocht“ und stellte unter anderem die Currywurst in den Markenkern des Ruhrgebiets. Das Motiv zeigt vier Currywurstschalen mit der Bildunterschrift „Im Ruhrgebiet finden Managermeetings nicht unbedingt bei Lachsschnittchen statt“.

© Regionalverband Ruhr/RVR

Kampagnenmotiv für den RVR von scholz & friends

Instagram → *Tageszeit*

Beim Hashtag Currywurst (*#currywurst*) fanden sich im Frühjahr 2024 auf Instagram schon über 300.000 Beiträge.

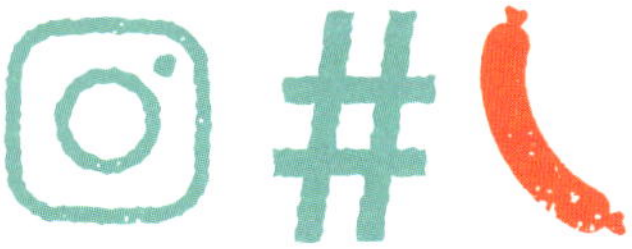

J

„JEDE FRAU IST FÜR GUTES ESSEN ANFÄLLIG."

CASANOVA

Jede*r

Umschreibt die Zielgruppe aller Currywurst-Liebhaber*innen.

K

KEINE CURRYWURST
IST AUCH KEINE LÖSUNG.

Kaffee

Das beliebte koffeinhaltige Heißgetränk Kaffee eignet sich hervorragend als Digestif einer Currywurst-Mahlzeit. Aber auch in einigen wenigen Currywurstsoßen findet sich Kaffee bzw. Kaffeesatz als Geschmacksträger oder auch – kann super aussehen – als Farbstoff.

Kalorien

Eine Bratwurst allein bringt es schon auf rund 400 Kalorien. Mit Currysoße und Pommes frites dazu landen Currywurst-Fans damit bei über 1000 Kalorien. Viel, aber lecker – ergibt: viel zu lecker.

Kantstraße

In der Kantstraße 101 in Berlin befindet sich seit 2003 eine Gedenktafel zu Ehren von Herta Heuwers Imbiss, der an dieser Stelle beheimatet (damals Kaiser-Friedrich-Straße 59) und Tag und Nacht geöffnet war. In seinen besten Zeiten waren hier angeblich bis zu 19 Verkäuferinnen beschäftigt!

Kantine

Die Currywurst ist seit Jahrzehnten eines der beliebtesten Kantinen-Essen in Deutschland: Die Currywurst in Kombination mit Pommes frites war im Jahr 2020 zum 28. Mal in Folge das beliebteste Kantinenessen, wurde aber 2021 von Spaghetti Bolognese abgelöst. (Quelle: Apetito)

Kanzler-Filet

Viele Prominente und Politiker*innen sonnen sich im Glanze der Currywurst und demonstrieren so Volksnähe. Besonders gut beherrschte dies Ex-Bundeskanzler Gerhard Schröder, so dass im Berliner Restaurant „Ständige Vertretung“ der Name „Kanzler-Filet“ geprägt wurde. Mittlerweile steht dort das „Altkanzler-Filet“ auf der Karte.

Ob es an der Farbe und an der Parteizugehörigkeit liegt? Bekannt für seine Currywurst-Begeisterung ist Altkanzler Gerhard Schröder.

Kartoffeln

Klar, zu Bud Spencer gehört Terence Hill und zur Currywurst gehören Pommes frites. Für Pommes mit festerem Innenleben eignen sich Kartoffelsorten, die weniger stärkehaltig, also vorwiegend festkochend sind (zum Beispiel Granola oder Gala). Liebhaber von luftig saftigen Pommes sollten mehlig-kochende Kartoffeln (beispielsweise Adretta oder Bintje) wählen.

Kartoffelsalat

Eine beliebte Beilage zur Currywurst, vor allem im norddeutschen Raum. Dort dann auch mit Mayonnaise, im südlichen Deutschland hingegen eher mit Essig und Öl zubereitet.

Kerze
Eine Kerze mit Duft von Currywurst und Pommes? Ja, gibt es von der Firma Candle Guy. Vegan!

Ketchup
Auch wenn wir es grundsätzlich nicht uneingeschränkt gutheißen, ist Ketchup die Grundlage für eine Currywurstsoße. Ketchup ist offiziell eine Würzsoße, die zumeist aus den Bestandteilen Zucker, Tomatenmark, Essig, Salz und Gewürzen besteht. Es existieren zahlreiche Geschmacksvarianten. Die genaue Herkunft des Wortes ist nicht geklärt. Am wahrscheinlichsten ist es, dass der Begriff von Rezepten und Soßen aus Asien stammt, allerdings ursprünglich auch ohne die Zutat Tomaten bzw. Tomatenmark. So gelangten Geschmack und Rezepte im 17. Jahrhundert nach England und später von dort in die USA. In Deutschland wurde der erste Ketchup als fertiges Produkt wohl 1937 von der Firma Zeisner in Bremen produziert. Anders als früher ist Ketchup heute eigentlich immer ein Fertigprodukt. Es wird hauptsächlich zwischen den Sorten Tomatenketchup, Gewürzketchup und Curryketchup unterschieden.

Koch*Köchin
Ein*e Koch*Köchin ist bei der professionellen Zubereitung einer Currywurst wünschenswert, zu viele verderben allerdings den Brei. Oder die Soße.

Körrisaft

Ein Curry-Ketchup mit Cola und Aloe Vera, im Jahre 2008/2009 als erster offizieller Ketchup des Fußballvereins FC St. Pauli bekannt geworden. Ein Exponat in Form einer Glasbügelflasche stand auch im Deutschen Currywurst Museum Berlin. Erfunden und erstmals vertrieben wurde der „Körrisaft“ 2008 von Christian Blech, Tim Koch, Ralf Mayer, Alexandros & Spiridon Soukas.

Konnopke, Max
Max Konnopke kam 1930 von Cottbus nach Berlin und eröffnete im Stadtteil Prenzlauer Berg den legendären „Konnopke's Imbiss“, den wohl ersten Imbissstand in Ost-Berlin, bei dem im Jahr 1960 die Currywurst eingeführt wurde.

Kühlregal → *Fertiggericht*
Es gibt leider zahlreiche fertige Currywurst-Kreationen in den Kühlregalen deutscher Supermärkte. Ob Kaiser, König, King oder Bettelmann – ihr könnt sie ruhig essen, ohne sie warm zu machen. Schmeckt kalt genauso schlimm wie warm.

Kunst

Die Currywurst ist ein deutsches Kulturgut, und so taucht sie natürlich auch ab und zu in der deutschen Kunstszene auf: oft als Streetart, aber seit 2017 auch in einer eigenen kleinen Ausstellung der Bochumer Künstlerin Kirsten Mikus. Mit Werken wie „Send Currywurst, not bombs“ und „Currywurst-Kunst-Aktie No. 001“ setzt sie das Kultgericht in Szene.

»Send Currywurst, not bombs« von Kirsten Mikus.
Holzschnitt (von Lindenholzplatte), wasserbasierte Druckfarbe auf Papier, 30 x 30 cm

LIEBE
GEHT DURCH
DEN MAGEN.

Länge
Eine Currywurst ist durchschnittlich 22 Zentimeter lang und wird in circa elf Stücke zerkleinert.

Lametta
Umgangssprachliche Bezeichnung für geschmorte Zwiebeln als optimales Topping für Currywurst mit Pommes, Soße und Mayonnaise.

Lebenslang
Ein Mensch verzehrt in seinem Leben etwa dreißig Tonnen feste Nahrung. Das entspricht einer Menge von ungefähr 300.000 Currywürsten.

VIP Loge im Hamburger Millerntorstadion

Loge

In den Stadien der Fußballvereine Rot-Weiß Oberhausen und FC St. Pauli Hamburg gab es VIP Logen, in denen neben dem servierten Fußballvergnügen auch der Genuss von Currywurst im Fokus stand. Während des Stadionumbaus 2010 am Hamburger Millerntor gab es in luftiger Höhe einst eine kleine Bretterbude mit Wellblechdach als zusätzliche Loge. Dort wurde die Currywurst in kleinen Henkelkörbchen von einer Spielzeug-Eisenbahn im Dauereinsatz serviert.

„Kalte Muschi Loge" im Stadion Niederrhein Oberhausen

Die „Kalte Muschi Loge" im Stadion Niederrhein in Oberhausen aus der Saison 2011/12 ist die bis heute offiziell kleinste und ungemütlichste Open Air Loge des deutschen Profi-Fußballs. Neben einigen anderen Kuriositäten wurde den Gästen in der Halbzeit eine Portion Currywurst mit Brötchen auf das Logengerüst an der Anzeigetafel gebracht. Die Logengäste haben übrigens auch die Tafeln für den aktuellen Spielstand bedient.

Lonely Planet

Der bekannte Reiseführer-Verlag „Lonely Planet“ hat 2018 eine „Eatlist“ mit 500 ultimativen Spezialitäten der ganzen Welt veröffentlicht. Deutschland ist mit Bratwurst, Weißwurst, Schweinshaxe, Schwarzwälder Kirschtorte und – natürlich – Currywurst vertreten. Ob für diese Erkenntnis allerdings ein Foodie-Reiseführer gekauft werden muss, darf angezweifelt werden.

M

„MENSCH DAT GIBT'N DURST, DIE CURRYWURST"

AUS: „CURRYWURST"
VON HERBERT GRÖNEMEYER

Mantateller

Mantateller (oder auch Mantaplatte) ist die umgangssprachliche Bezeichnung von Currywurst und Pommes auf einem Teller als Hommage an das Auto Opel Manta (1970–1988). Dem Milieu mit dem Treffpunkt Imbissbude hat Bernd Eichinger 1991 mit dem Film „Manta, Manta“ ein Denkmal gesetzt.

Marzipan

Die Portion Currywurst mit Pommes aus Marzipan gibt es zuckersüß in verschiedenen Varianten für fünf bis zehn Euro zu erwerben.

Maultasche

In einigen Online-Rezeptforen werden vegetarische Maultaschen als Wurstersatz verwendet, um so mit den angebratenen Maultaschen und einer leckeren Currywurstsoße eine vegetarische Currywurst Variante zu haben. Von der Firma Settele gab es einst sogar fertige Currywurst-Maultaschen zum Anbraten. Mahlzeit!

Mayonnaise → *Rezepte* → *Currynaise*

Eine Emulsion aus Eigelb und Öl mit Essig, Gewürzen und Senf. Die perfekte Ergänzung zu einer Portion Currywurst mit Pommes.

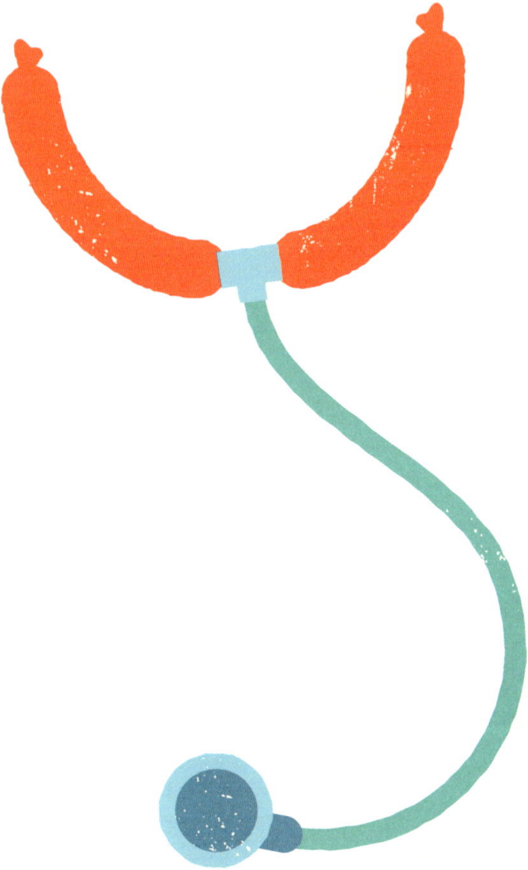

Medizin
In den 1950er Jahren wurde Patient*innen mit Mangelerscheinungen von Ärzten angeblich auch mal eine Currywurst verschrieben! Durch die exotischen Gewürze, neben Curry und Paprika zum Beispiel auch Ingwer, sollte die schlechte Ernährung in den Nachkriegsjahren ausgeglichen werden, und so kam die Currywurst zu ihrer heilenden Wirkung.

Menge
In Deutschland werden pro Jahr ungefähr 800 Millionen Currywürste verspeist.

Menü

Ein Menü bezeichnet die Folge aus mehreren Gängen beim Essen. Wohingegen ein Currywurst-Menü zumeist nur die Kombination aus Currywurst, Pommes und Getränk (Wasser, Limo, Bier oder so) ist.

Mitternachtssnack

Ob runder Geburtstag, Hochzeitsfeier oder Firmenjubiläum, es gibt keinen besseren Mitternachtssnack als die Currywurst!

Münze

Eine Gedenkmünze zum Thema „70 Jahre Currywurst“ herauszubringen, ist ja grundsätzlich kein Verbrechen. Diese Silbermünze aber mit einem bis zur Unkenntlichkeit verunstalteten Konterfei der vermeintlichen Currywursterfinderin Herta Heuwer zu versehen und zudem noch zwei wirklich nicht lecker erscheinende Currywürste darzustellen, ist echt mehr als schade. Wenigstens war die Auflage limitiert. Wir hoffen, dass die Ruhrgebietsvariante zum 90. Geburtstag schöner wird.

Museum

Das erste Deutsche Currywurst Museum war von 2009 bis Ende 2018 in Berlin zu finden. Die Ausstellung zeigte in einem circa einstündigen Rundgang viele Fakten rund um die Story und Entdeckung der Currywurst nach Berliner Version. Neben einigen Exponaten und multimedialen Features gab es unter anderem eine Walk-in-Imbissbude und am Ende der Tour die Möglichkeit, eine Currywurst zu verspeisen.

➝ Musik

Auch in der Musik wird der Currywurst gehuldigt. Neben Herbert Grönemeyers bekannter Hymne gibt es auch einige andere – schöne, witzige, unbekannte, hörenswerte oder auch furchtbare – kulinarische Textzeilen zu der Wurst mit Currysoße und ihrem sozialen Stellenwert. Hier eine Auswahl:

- **Herbert Grönemeyer**, 1982,
  Titel „Currywurst" vom Album „Total Egal",
  die deutsche Hymne für die Currywurst:
  „Mit Pommes dabei – ach, dann gebense gleich zweimal Currywurst"
- **Helge Schneider**, 2005,
  „Pommesbude" vom Album „Füttern verboten":
  „Und da stehen sie wieder in Zweierreihen vor der Pommesbude und warten auf das, was ihnen gebührt"
- **Dendemann**, 2010,
  „Freie Radikale GbRdH"
  vom Album „Vom Vintage verweht":
  „... ja nach jedem Gig zu Koteletts Karl – Curry, Pommes Schranke, pottegal ..."
- **Antilopen Gang**, 2014,
  „Verliebt" vom Album „Aversion":
  „... Currywurst mit Pommes ist dein Lieblingsessen ..."
- **Tante Inge**, 2013,
  „Currywurst zum Frühstück"
  vom Album „Titten raus es ist Sommer":
  „...ich hab doch noch ne Currywurst n meinem Kühlschrank ..."
- **Imbiss Bronko**, 2008,
  „Mit Darm, ohne Darm"
  vom Album „Bronko im Kalorienreich":
  „Wenn schon Currywurst, dann aber richtig, nur mit Darm ..."

Mehr bei und in der ➝ *Playlist*

NICHTS WIRD
SO HEISS GEGESSEN,
WIE ES GEKOCHT WIRD.

Nachhaltigkeit

Mit der Darreichung einer Currywurst ist bisher kein Nachhaltigkeitspreis zu gewinnen – sie wird zu oft in beschichteter Einweg-Pommes-Pappschale serviert und mithilfe von Plastikgabeln verspeist. Umso erfreulicher, dass sich nicht zuletzt aufgrund aktueller Diskussionen und EU-Verpackungsverordnungen viele Imbissbetreiber*innen vermehrt Gedanken um Mehrweggeschirr und -besteck sowie alternative Verpackungsformen machen. Weiter so!

Nachtisch

Hier kommen die zehn besten Nachtische und Süßspeisen „für danach“:

- Biskuit-Zitronen-Rolle
- Bienenstich
- Brauner Bär (das Original aus den 1970er Jahren)
- ein leckeres Bier
- Fürst-Pückler-Eistorte
- Kümmerling oder Underberg
- Schaumkuss (hieß früher anders)
- Schoko- oder Vanillepudding
- Wackelpudding mit Vanillesoße
- noch ein Bier

Nährwertkennzeichnung → *Fragen*

Die Nährwerte von Produkten, die in einer Imbissstube zubereitet werden, müssen auf der Verpackung der verwendeten Produkte gekennzeichnet sein. Eine Schweinebratwurst als Basis für eine Currywurst besteht zur Hälfte aus Wasser sowie den Nährstoffen Fett (25 bis 30 Prozent) und Eiweiß (15 Prozent). Kohlenhydrate und Mineralstoffe erledigen den Rest.

Navi

Aus der „Hungersnot“ geboren hat ein Berliner Pärchen eine App für den kürzesten Weg zur nächsten Currywurst-Bude entwickelt. Wir freuen uns auf die internationale oder zumindest nationale Version des „Curry Guide Berlin“.

New York

In der „Kleinen Rast“ an der Elbe in Hamburg gibt es „die beste Currywurst vor New York“. Aber auch in New York gibt es zahlreiche Möglichkeiten, eine Currywurst zu essen, zum Beispiel bei „Berlin Currywurst“ 75 9th Ave New York, NY 10011.

0

OH, WIE LECKER ...

Orte

Die zehn wichtigsten Currywurst-Locations der Welt, an denen jede*r in seinem Leben schon einmal eine Currywurst gegessen haben sollte:

- Berlin
- Duisburg
- Essen
- Hamburg
- Hawaii
- in der besten Bude der Heimatstadt
- New York
- Nordpol
- Südpol
- zu Hause bei Muttern

P

POMMESFANS ALLER LÄNDER, VEREINIGT EUCH!

➳ Pappschale

Jede*r dürfte diese wunderschöne Form des Papptellers mit dem welligen Rand für Currywurst und Pommes seit der Kindheit kennen. Wahrscheinlich haben wir diese Schale einem gewissen Herman Henschel (1843–1918) aus Luckenwalde zu verdanken, der 1876 den Pappteller erfand. Die damalige Motivation des gelernten Buchbinders Henschel war es, Verpackungen für Lebensmittel hygienischer zu machen.

➳ Party

Die Currywurst ist der idealste Partysnack der Welt. Die legendäre und beste Currywurst-Party von „POTTpeople" gibt es seit 2010: Musik und Currywurst für den guten Zweck.

➳ Patent ↣ *Greenpeace*

Ein Patent ist ein Schutzrecht für Erfindungen. Herta Heuwer hatte angeblich zwar versucht, ihre Currysoße als Patent anzumelden bzw. behauptete, sie hätte das „Patent für Currywurst". Das hört sich vielleicht besser an als Marke, ist aber Quatsch. Denn das Patentieren von Lebensmittel-Rezepten ist nicht so einfach – und außerdem hätte Herta dafür auch ihre genaue Rezeptur bekanntgeben müssen. Insofern ist – auch heute noch durch ihre Erben – nur die Wort- und Bildmarke ihres Ketchups „Chillup" eingetragen.

➳ Physik

↣ *Platzen*

➳ Plakat I.

Mit dem Slogan „Currywurst ist SPD" zogen die Nordrhein-Westfälischen Sozialdemokraten 2012 in den Landtagswahlkampf. Der Slogan war Sieger einer Online-Abstimmung, um eine jüngere Zielgruppe zu erreichen.

Plakat II.

Im Frühjahr 2017 bewarb Netflix die Serie „Santa Clarita Diet“ mit riesigen Currywurst-Plakaten und bekam reichlich Gegenwind. Die Beschwerden gegen die Werbung bezogen sich darauf, dass die Currywurst auf den zweiten Blick keine Wurst, sondern ein zerkleinerter Finger mit Soße war. Die Plakate wurden vorzeitig wieder entfernt.

Platzen

Wurstprofis wissen, dass eine Wurst beim übermäßigen Erhitzen immer der Länge nach aufreißt. Ursache dafür ist, dass die Spannung in der Wursthaut in der Querrichtung immer doppelt so hoch ist wie in der Längsrichtung. Einer der „Querfäden“ gibt bei Hitze also als erstes nach, und die daneben liegenden schließen sich an. Die Wurst verhält sich physikalisch betrachtet also genauso wie ein Zylinder. Um dem entgegenzuwirken, kann die Haut von Würsten vor dem Erhitzen bzw. Braten vorsichtig quer eingeritzt werden. Ein schönes Thema für den Physikunterricht.

Playlist ↠ *Musik*

Beim Streamingdienst Spotify gibt es unsere Playlist „Currywurst A–Z“ für den Sound zum Genuss von Currywurst.
↠ *https://tinyurl.com/32jrf3uu*

Pommes frites → Rezepte

Pommes frites, aus dem Französischen: *pommes (de terre) frites* heißt übersetzt ausgebackene Erd-Äpfel, umgangssprachlich in Deutschland Pommes oder auch Fritten genannt, sind die besten treuen Begleiter der Currywurst. Angeblich stammen Pommes frites aus Belgien, wo sie schon im 17. Jahrhundert als Arme-Leute-Essen im Winter zubereitet wurden. Die Verwandtschaft zur Bratkartoffel dürfte nah sein.

Die längst weltweit beliebten, in Streifen geschnittenen und dann gebackenen (frittierten) Kartoffelstäbchen sind Deutschlands beliebtestes Tiefkühlprodukt, schmecken aber natürlich frisch zubereitet am besten.

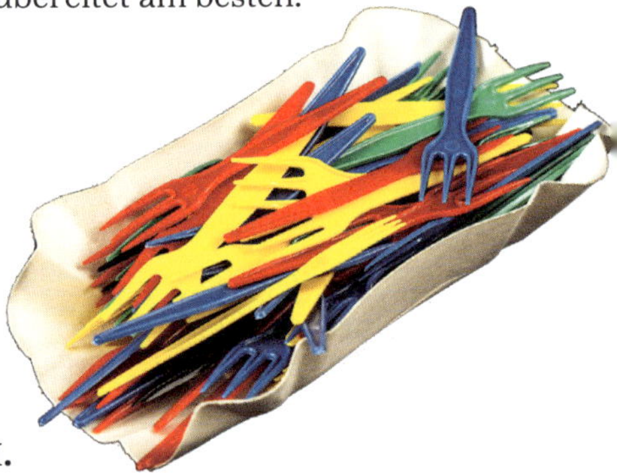

Pommesgabel I.

Vergesst Messer und Gabel, mehr Besteck als eine Pommesgabel ist für den Verzehr von Currywurst mit Pommes nicht notwendig. Die teuerste Pommesgabel (der Welt) kommt aus dem Hause Robbe & Berking, Flensburg, und ist aus Sterlingsilber.

Pommesgabel II.

Die Pommesgabel ist ein Handzeichen mit vielen verschiedenen Bedeutungen und Namen, unter anderem üblich in der Metal- und Rock-Szene. Dabei wird die Faust geballt und der kleine Finger sowie der Zeigefinger abgespreizt.

Pommes Spezial

Der Begriff Pommes Spezial hat seinen Ursprung wahrscheinlich in den Niederlanden. Wer Pommes Spezial bestellt, bekommt Pommes frites mit Mayonnaise, Curryketchup und frischen Zwiebeln als Topping serviert. Sehr lecker auch als Beilage zur Currywurst!

Preis

Die teuerste Currywurst, die wir in Deutschland finden (und essen) konnten, gibt es im Hotel Adlon in Berlin. Dort kostet die „klassische“ Portion Currywurst aus Fleisch vom Havelländer Apfelschwein mit handgeschabten Pommes frites zum Zeitpunkt der Drucklegung dieses Buchs stolze 26 Euro.

Q

QUATSCH MIT SOSSE!

Qualität

Die Qualität von Würsten ist von den Zutaten abhängig. Im Vordergrund steht dabei selbstverständlich das verwendete Fleisch sowie dessen Fettanteil und Herkunft.

Quartett

Das „Berlin-Curry-Wurstbudenquartett“ nach einer Idee von Felix Fiedler präsentiert 36 ausgewählte Berliner Currywurstbuden und klassifiziert diese unter anderem nach der Anzahl der Wurststückchen einer servierten Currywurst.

R

„REDEN AUF VEGETARIERBANKETTEN SIND ERFREULICH KURZ, WEIL MAN ANGST HAT, DASS SONST DAS ESSEN VERWELKT."

MARIO ADORF

Raue, Tim

„Currywurst grenzt an Körperverletzung" – mit diesem Satz hat der Berliner Sternekoch Tim Raue (*1974 in Berlin) im Jahr 2019 eine kleine, feine Diskussion um die Currywurst angefacht. Zurecht finden wir, denn ihm ging es darum, die Qualität von Currywürsten, in denen nahezu kein Fleisch mehr steckt, anzuprangern und die Verbraucher auf gute vegane oder vegetarische Ernährung aufmerksam zu machen.

Reagan, Ronald

Die US-Regierung um Präsident Ronald Reagan versuchte 1981 ernsthaft – im Rahmen der Diskussionen und Richtlinien zum amerikanischem Schulessen – Ketchup offiziell als Gemüse gelten zu lassen. Die Verordnung wurde allerdings dann doch nicht umgesetzt.

Religion

→ *Zehn Gebote*

Rezept

Neben dem Genuss an der Lieblingsimbissbude sollte jede*r sich an einer Currywurst – gern auch mit Pommes und Mayo – mindestens einmal im Leben selbst in der Küche versucht haben. Entweder, um die Kochkünste grundsätzlich weiterzuentwickeln oder einfach nur, um einen wichtigen Punkt auf der persönlichen Bucketlist abhaken zu können.
Hilfestellung dazu gibt es hier mit ein paar Standard-Tipps und Rezepten für den Hausgebrauch:

Die Wurst

Für eine Currywurst braucht ihr eine Bratwurst:
Kauft beim Schlachter bzw. Metzger eures Vertrauens und hinterfragt die Qualität und Herkunft!
Ihr könnt die Wurst auf viele verschiedene Arten knusprig grillen oder in heißem Fett braten. Wir empfehlen das Grillen auf dem Holzkohle- oder Gasgrill. Probiert auch mal verschiedene Wurstvarianten aus – sehr lecker bzw. gut geeignet für experimentierfreudige Köchinnen und Köche sind zum Beispiel Blutwurst, Chorizo, Debreziner, Kalbsbratwurst, Kochwurst, Merguez, Salsiccia, Weißwurst oder Wildbratwurst.

Die Currysoße

Erst die Soße macht die Currywurst zu dem, was sie ist. Hier kommt ein Rezept für eine richtig gute und leckere Basis:

- 1 EL Olivenöl
- 125 g Tomatenmark
- 3 EL Currypulver
- 250 ml Cola
- 1 TL Chilipulver
- 50 ml Brühe
- Sternanis, Pfeffer, Meersalz

Olivenöl erhitzen, Tomatenmark hinzugeben und einrühren, leicht anrösten lassen. Currypulver und Chilipulver dazugeben und direkt mit der Cola ablöschen.
Brühe und Sternanis hinzugeben. Gut zwei Minuten köcheln lassen und anschließend mit Pfeffer und Meersalz abschmecken.

Es gibt zahlreiche tolle Varianten. Eurer Experimentierfreude sollten keine Grenzen gesetzt sein! Hier ein paar Impulse zum Ausprobieren:

Verwendung von Fruchtsaft statt Cola. Zum Beispiel Orangen-, Apfel- oder Mangosaft – oder ein Mix aus allen dreien. Auch verschiedene Cola-Sorten bringen natürlich einen anderen Geschmack!
Wenn dir die Soße zu wenig süß ist – obwohl diese durch die Cola gewährleistet sein sollte: Apfelmus, Mandarinen, Ananas, brauner Zucker oder auch Karamell sorgen für eine Extraportion Süße.
Brühe: etwas gekörnte Instantbrühe oder auch Kalbsfond.
Es gibt zahlreiche Soßenabwandlungen mit anderen unterschiedlichen Zutaten und Gewürzen wie Zwiebeln, Knoblauch, Ingwer, Worcestersoße, Piment, Kardamom, Vanille, Kokos – oder sogar Zimt zur Weihnachtszeit.

Wichtig!
Für uns gehört Currypulver IN die Soße und nicht darüber. Das machen nur die Kulturbanausen, die mit fertigem Ketchup und Currypulver versuchen, eine Currywurst herzustellen.

Pommes frites

Ihr benötigt lediglich:

- 10 große mehligkochende Kartoffeln
- 2 Liter Frittierfett, zum Beispiel Rapsöl
- Meersalz

Die Kartoffeln schälen und in Streifen schneiden (je nach Vorliebe ca. 1 bis 3 cm breit). Die so entstandenen Stäbchen ca. drei Minuten in kochendes Salzwasser geben (Blanchieren) und dann abgießen. Das Frittierfett auf 175 C erhitzen und die Kartoffelstäbe backen, bis sie goldbraun sind (das dauert ca. 3 bis4 Minuten)!

Fett gut abtropfen lassen und die Pommes anschließend mit Meersalz würzen.

Man kann die frischen Kartoffelstäbe auch in zwei Phasen frittieren, also ohne Blanchieren einmal für vier Minuten backen, abkühlen lassen und kurz vor dem Servieren/ Verzehren noch einmal fertig backen.

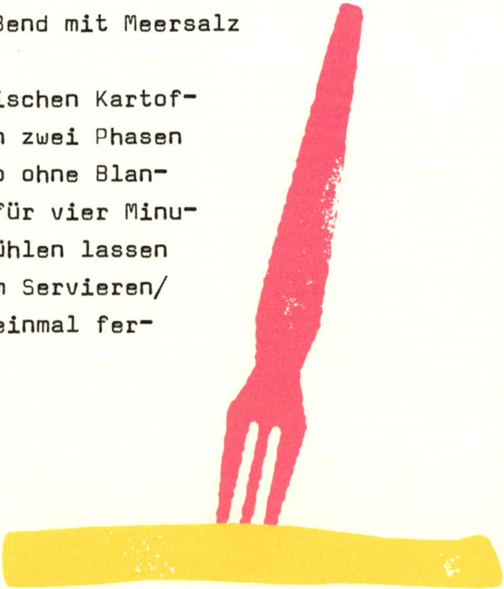

Mayonnaise

Für eine richtig leckere Mayonnaise braucht ihr:

- 2 Eigelb
- 1 TL Senf
- 200 ml Rapsöl
- 1 Spritzer Limettensaft
- 1 Spritzer Tabasco
- 1 TL brauner Zucker
- Meersalz

Eigelb und Senf mit einem Mixer verrühren.
Achtung, jetzt kommt es drauf an:
Das Rapsöl sehr vorsichtig (!) und fein dosiert (!) in die Ei-Senf-Masse fließen lassen und dabei ständig mit dem Mixer gleichmäßig weiterrühren. Gebt ihr das Öl zu schnell in die Masse, gerinnt die Mayo. Dann könnt ihr versuchen, die Mayo mit warmen Wasser wieder glatt zu rühren – oder ihr müsst erneut starten.
Ansonsten würzen, abschmecken, fertig.

Rohwurst → *Brühwurst*

Eine Rohwurst eignet sich nicht für Currywürste, denn bei einer Rohwurst wird anders als bei der Brühwurst das Wurstbrät nicht durch Hitzeeinwirkung zum Gerinnen gebracht. Mettwurst, Salami und Cabanossi sind zum Beispiel Rohwürste.

Ruhrgebiet

Das Ruhrgebiet, auch Ruhrpott genannt, ist der größte Ballungsraum und die coolste Gegend mit den ehrlichsten Menschen Deutschlands. Hier wurde aller Wahrscheinlichkeit nach tatsächlich die Currywurst erfunden!
#heimatdercurrywurst

S

„SIE IST DAS SCHASCHLIK,
ICH BIN DIE WURST"

FREI NACH
IMBISS-DEUTSCH, EXTRA3

S-Bahn
Am Berliner Flughafen Tegel wurden ausrangierte S-Bahn-Waggons in eine Currywurstbude namens „Die EsS-Bahn, Berlins abgefahrenste Currywurst!“ umgewandelt.

Schärfegrade
→ *Scoville*

Schere
Nein, mit einer Schere sollte die Wurst für die Currywurst aus gastronomischer Sicht nicht in Scheiben geschnitten werden, auch wenn das noch oft genug geschieht!

Der Drehort, der ehemalige City Grill, damals und heute.

Schimanski → *Tatort*

Der beliebteste aller Tatort-Kommissare, Horst Schimanski, gespielt von Götz George (1938–2016), hat sich in der Krimiserie seit 1981 um die Verbrecherjagd und die Bekanntheit der Currywurst verdient gemacht. Seine Heimatbude – im Film und auch privat – war der „City Grill“ (ehemals Pommes-Kalle und jetzt ein Döner-Laden) in Duisburg-Ruhrort. In der Serie hieß die Bude „Bei Gina“. Dem TV-Kommissar zu Ehren wird Currywurst mit Pommes im Ruhrpott auch als Schimanski-Teller oder Schimanski-Platte bezeichnet.
Die Folge „Grenzgänger“ von 1981 wurde übrigens teilweise in „Peter Pomm's Pusztetten-Stube“ gedreht → *„Alles hat nen Anfang, nur die Wurst hat zwei – oder drei oder mehr?“, S. 143*.

Schnaps

→ *Cocktail*

Schneider → *Platzen*
Es gibt verschiedene Arten und auch Zwecke von Currywurstschneidern. Schon der Ehemann von Herta Heuwer, Kurt, soll in den 1950er Jahren ein Holzbrett mit Klingen, die in einer Reihe nebeneinander aufgestellt waren, gebaut haben. Damit wurde der Darm der Wurst vor dem Grillen eingeritzt, um ein unkontrolliertes Aufplatzen der Wurst zu verhindern.
Heute schneiden Currywurstschneider in erster Linie die Wurst nach dem Grillen in gleichmäßige Stücke und lassen diese in die Wurstschale oder auf den Teller fallen. Bei der elektrischen Version wird die Wurst von oben in einen Zylinder eingeschoben, an dessen unterem Ende eine sich drehende Klinge die Wurst zerkleinert. Der erste elektrische Currywurstschneider wurde 1963 von der Firma Selbach in Radevormwald entwickelt. Bei der manuellen Variante wird die Wurst von oben auf mehrere scharfe Klingen gedrückt. Natürlich nutzen auch viele Buden das herkömmliche Schneidebrett mit Küchenmesser.

Schnellrestaurant
Eine korrekte, wenn auch eher retro-vornehm klingende Bezeichnung für Imbissbude.

Schweineschmalz
Einige Buden schwören auf Schweineschmalz, um die Wurst zu grillen bzw. zu backen.

Schwimmbad
Was isst man bei Hunger im Schwimmbad? Klar, Currywurst mit Pommes-Mayo oder → *Pommes Spezial*. Wir hoffen, dass sich daran niemals etwas ändern wird.

Scoville

Die Scoville-Skala lässt uns die Schärfe von Früchten der Paprikapflanze (Paprika, Chili, Peperoni und viele andere Sorten) abschätzen, ist also ein Maß für Schärfe. In nahezu allen Früchten ist es nämlich der Stoff Capsaicin, der die jeweilige Schärfe in unterschiedlicher Konzentration erzeugt.

Benannt ist die Skala nach dem US-Pharmazeuten Wilbur Scoville (1865–1942). Früher wurde der Scoville-Grad tatsächlich durch Testpersonen ermittelt, indem eine immer weiter verdünnte Lösung verkostet wurde – heute kann der Wert technisch gemessen werden. Die Skala, die es seit 1912 gibt, reicht von Null (keine Schärfe) bis 16 Millionen (reines Capsaicin).

Leider gibt es zahlreiche unsinnige Wettbewerbe, bei denen die Teilnehmer eine möglichst scharfe Currysoße essen müssen. Die Folgen reichen von Bauchschmerzen und Übelkeit bis hin zu Erbrechen und Ohnmacht der „Scharfschützen".

Skateboard

Der Ursprung des Skateboards liegt in den 1960er Jahren. Nur wenige wissen, dass die Weiterentwicklung der Decks weg von der ursprünglichen Form der 1950er Jahre (verkürzte Surfbretter oder einfach gerade Bretter mit darunter befestigten Rollen) wohl viel mit dem Einfluss der Symmetrie von Würsten zu tun hat. Logisch allerdings, wenn man sich vor Augen hält, dass die Skateboard-Szene eng mit der Entwicklung von Fast Food verbunden ist. Die Boards heute sind schlank, vorn und hinten fast symmetrisch zugeschnitten und haben nahezu gleiche Überstände an Nose und Tail. Auch die Weiterentwicklung des Longboards macht die emotionale Verbindung von Skateboard und Currywurst in liebevoll sportlicher Weise deutlich.

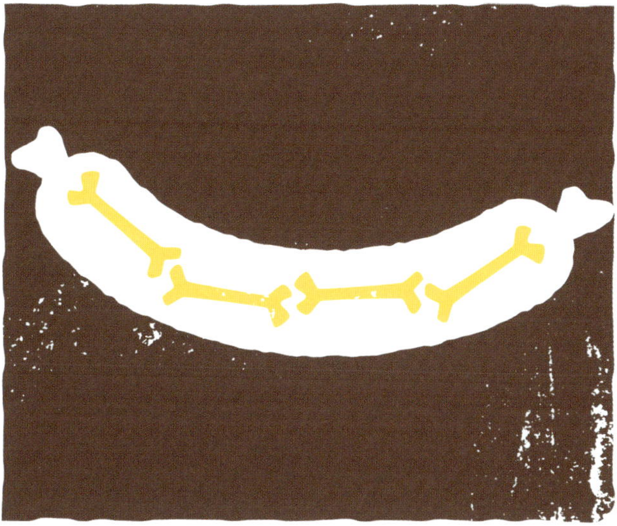

Skelett

Im Jahr 2016 wurde im Ruhrgebiet wahrscheinlich ein Currywurst-Skelett gefunden. Nach aufwendigen Rekonstruktionen und Recherchen konnte aufgrund von angeblichen Fleisch- und Ketchup-Spuren nachgewiesen werden, dass es sich dabei um die Überreste eines Vorläufers der Currywurst handelt. Es ist davon auszugehen, dass das Skelett aus dem Zeitalter Mesozoikum stammt. Im einem WDR-Beitrag aus dem Jahre 2019 ist ein Styropor-Nachbau des Skeletts einmalig zu sehen.

Stadionwurst → *Fußballstadion*

In keinem deutschen Fußballstadion, von der Kreisklasse bis zur Bundesliga, fehlt die obligatorische Stadionwurst. Bratwurst bzw. Currywurst, kombiniert mit Bier, hat die Bezeichnung „Stadionwurst“ so zum Gattungsbegriff gemacht.

Es gibt natürlich immer wieder interessante Qualitätstests und Ranglisten. Seit 2017 ist „worschtdor“ auf Instagram unterwegs und bietet informative Tests inklusive Preisspiegel.

Stadt-Land-Wurst

Das beliebte Schreib-Quiz-Spiel kennt jedes Kind. Die Entstehung – wahrscheinlich Ende des 19. Jahrhunderts – ist unbekannt. Aber durch die große und wachsende Vielfalt an Wurstspezialitäten und Wurstsorten, von A wie „Ahle Wurst“ bis Z wie „Zwiebelwurst“, ergeben sich immer wieder neue Spielansätze, das Spiel schneller als die Mitspieler*innen zu beenden und für sich zu entscheiden.

Steak

Klar, ein Steak ist ein Steak, zumeist eine kurzgebratene Rindfleischscheibe eben. Die Currywurst aber wird mitunter auch als „das Steak des kleinen Mannes“ bezeichnet.

Sterne

Unser Sternesystem für Currywurstbuden in freier Anlehnung an die bekannten Michelin-Sterne:

- **Heimat-Stern:** Die Bude liegt einfach auf dem Weg und die Currywurst schmeckt, wie sie immer schmeckt – solide und gut.
- **Bogen-Stern:** Ein kleiner Umweg ist für den Kauf der Currywurst in Kauf zu nehmen. Wird aber gemacht, bevor man woanders auf einen ungewohnten Geschmack trifft.
- **Mobilitäts-Stern:** Für die Currywurst an dieser Bude lohnt sich eine Extra-Anfahrt!
- **Ein Stern*:**
  Für die Qualität der Currywurst lohnt sich stets ein kleiner Tagesausflug.
- **Zwei Sterne**:**
  Für die Bude, die Kulinarik und das Ambiente ist ein umfassender Kultur- und Städtetrip mit Übernachtung vor Ort angemessen, um den Besuch inklusive Erkundung der Umgebung entsprechend genießen und wertschätzen zu können.
- **Drei Sterne***:**
  Die Bude ist grundsätzlich schwer zu erreichen (Flutgebiete, Gebirge, Parkplatzsituation und ähnliches) und/oder hat herausfordernde Öffnungszeiten. Die Speisenqualität von Currywurst und Beilagen ist hervorragend, die Bude lädt zum Verweilen ein und die Gastgeberrolle wird derart perfekt unperfekt gelebt, dass selbst strapaziöse bis möglicherweise transkontinentale Anreisen gerechtfertigt sind. Mehr geht nicht und so geht auch mal der Jahresurlaub dabei drauf – es lohnt sich.

TISCHLEIN DECK DICH!

Tag der Currywurst *→ Hildebrand*

Bisher wurde der Tag der Currywurst in Deutschland jährlich am 4. September gefeiert, an dem Tag also, an dem Herta Heuwer im Jahr 1949 in Berlin erstmalig eine Currywurst kreiert haben will.
Mit dem erstmaligen Erscheinen dieses Buches sollte dies der 22. September, Geburtsdatum von Peter Johann Hildebrand, werden. 1936 wäre dann das „neue Jahr der Entdeckung".

Tageszeit

Wann ist denn eigentlich die beste Tageszeit zum Verzehr einer Currywurst? Es gibt viele Menschen, denen die Tageszeit für eine leckere Currywurst relativ egal ist. Zurecht, denn sie schmeckt immer. Außerdem richtet sich der Currywurst-Konsum nach individueller Lust und Laune des*der Currywurst-Liebhaber*in. Geht man allerdings nach den Beiträgen mit Hashtag *#currywurst* auf Instagram, hat die Currywurst am Abend gegen 21 Uhr ihre Primetime! Übrigens: Die Bratwurst wird am häufigsten gegen 15 Uhr und die Weißwurst erwartungsgemäß um kurz vor 12 Uhr gegessen.

Schenk & Ballauf

Tatort *→ Schimanski*

In der bekannten deutschen TV-Krimireihe spielt die Currywurst seit Jahrzehnten eine bedeutende Rolle. So haben TV-Kommissare wie Schimanski & Thanner (Götz George und Eberhard Feik), Ballauf & Schenk (Klaus J. Behrendt und Dietmar Bär) oder Stoever & Brockmöller (Manfred Krug und Charles Brauer) beim Verzehr einer Currywurst entscheidende Ermittlungsansätze entwickelt oder sich nach der Aufklärung eines Mordes mit dem Verzehr von Currywurst und Bier belohnt.

Tattoo *→ Emoji*

Selbstverständlich gibt es in die Haut geritzte Currywurst-Kunstwerke.
Tim Koch hat auch eines.

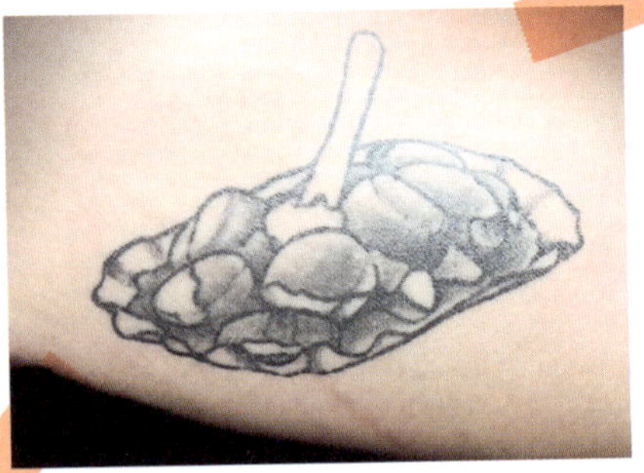

Taxi-Teller

Der sogenannte Taxi-Teller symbolisiert die multikulturelle Imbisskultur des Ruhrgebiets par excellence – denn hier sind Currywurst, Pommes, Gyros und Zaziki auf einem Teller in Frieden vereint. Die Legende besagt, dass ein Taxifahrer aus dem Ruhrpott auf dem späten Heimweg keine ausreichend sättigende Menge Gyros mehr in (s)einem Imbiss vorfand. Die Fleischportion des Tellers wurde deshalb kurzerhand mit Currywurst aufgefüllt. Der Taxi-Teller war geboren. Unsere griechischen Freund*innen berichten, dass der Name für den Multikulti-Teller aber durchaus auch dem griechischem Wort *endaxi* (übersetzt: *ok, alles klar*) entstammen könnte. Sinngemäß heißt der Foodmix auf dem Endaxi-Taxi-Teller also „Alles klar, passt schon und ist lecker".

Tee

Eine Teeverkostung mit über 30 verschiedenen Sorten bei der Firma J. J. Darboven, zu denen auch Eilles Tee gehört, hat ergeben, dass die Teesorte „Cascara-Mango" die optimale Tee-Begleitung zu einer Currywurst ist.
Unter Anleitung der „Tee-Fee" Karen Lässig harmonierte die süße, saftige Mango perfekt mit einer würzigen Currysoße. Die fruchtige Note ergänzt den herzhaften Geschmack der Wurst.

Timm, Uwe

Autor der Novelle → *„Die Entdeckung der Currywurst"*

Toastbrot

Die ehrliche Toastbrotscheibe ist eine – vorwiegend in Norddeutschland – beliebte und günstige Beigabe zur Currywurst. Zumeist in Dreiecke geschnitten (mit einem Brotmesser durch die ganze Packung!), hilft diese trockene, stets ungetoastete Ergänzung des Mahls anstelle eines Brötchens beim Dippen der Currysoße.

Tomaten *→ Rezepte*

Für jede Currywurstsoße sind Tomaten, püriert oder auch als Basis für Tomatenmark, eine unverzichtbare Grundlage. Eigentlich alle Tomatensorten sind für die Herstellung geeignet, doch Currywurstsoße ist natürlich nicht gleich Currywurstsoße: Eine selbstgemachte Soße schmeckt einfach besser! Also ruhig mal was wagen und verschiedene Tomatensorten ausprobieren – vielleicht sogar selbst im eigenen Garten angebaut!

Tomatenmark *→ Rezepte*

Basis vieler Currysoßen-Rezepturen: Für Tomatenmark wird das reife Fleisch von Tomaten (keine Schale, keine Kerne) passiert und unter Hitze reduziert und eingedickt.

Tourist*in

Ein*e Tourist*in ist jemand, der reist, um fremde Orte kennenzulernen. So weit, so gut. Es gibt aber noch keine Statistik zu den Tourist*innenströmen aus den USA, Japan oder China, aus der hervorgeht, wie viele Tourist*innen ausschließlich wegen des Verzehrs einer leckeren Currywurst nach Germany kommen. Unsere anonymen Betreiber einzelner Buden sprechen allerdings von Milliarden Menschen (anonyme Quelle: Finanzamt Castrop-Rauxel Süd und Finanzbehörde Berlin-Steglitz).

Tunke

Umgangssprachlich für Soße oder Currywurstsoße.

U

„UM IN ENGLAND GUT ESSEN ZU KÖNNEN, SOLLTE MAN DREI MAL TÄGLICH FRÜHSTÜCKEN."

WILLIAM SOMERSET MAUGHAM

Übersetzungen

Die Currywurst ist mittlerweile ein in vielen Teilen der Welt bekanntes Produkt und somit natürlich auch in vielen Sprachen zu Hause. International könnt ihr glänzen mit:

Englisch: curried sausage
Französisch: saucisse grillée au curry
Italienisch: salsiccia con salsa al curry
Japanisch: カレーソーセージ (karē sōsēji)
Polnisch: kiełbasa z curry
Russisch: Карривурст (Karrivurst)
Schwedisch: currykorv
Spanisch: salchicha al curry

Unarten

Es gibt leider auch einige Currywurst-Varianten, die ein richtiger Currywurst-Fan nicht gutheißen kann. Dazu gehören Bockwürste als Currywurst, kalter Ketchup mit billigem Currypulver anstelle von leckerer Currysoße auf der Wurst sowie Wurst mit Farbstoff statt Currypulver im Brät.

V

VIELE KÖCHE
VERDERBEN DEN BREI.
ODER DIE SOSSE.

Vegan & vegetarisch

Ja, richtig, das ist nicht das gleiche. Aber: Die Würste schmecken ähnlich. Man kann es mögen oder auch nicht. Es gibt sie aber, die fleischlosen Alternativen, zum Beispiel vegane Currywurst aus Algen oder auf Erbsenprotein-Basis.
In Leipzig bietet der Imbiss „Vleischerei“ alle Imbissklassiker als vegane Alternativen an, so auch eine „Currywürst“. Unser Versuch übrigens, den Begriff „Curryvurst“ als Wortmarke für die vegane Currywurst zu schützen ist beim Deutschen Patent- und Markenamt gescheitert. Und weil hier oft der Bezug zum Fußball und der Stadionwurst erwähnt wird: Der englische Viertligist Forest Green Rovers ist der offiziell erste und einzige vegane Fußballverein der Welt – vom Trikot bis zur Stadionwurst. Vunny!

Verzehrsituation

In diesen Lebenslagen und -situationen werden die meisten der jährlich ca. 800 Millionen Currywürste in Deutschland vertilgt:

- **Unter Alkoholgenuss:** Allerorts möglich ist der durch den verantwortlichen Genuss von Alkohol spontane positiv beeinflusste Besuch einer beliebigen Imbissbude.
- **Bei der Arbeit:** Zum Beispiel in der Mittagspause in der Kantine.
- **In Pause an der Autobahn-Raststätte:** Nicht zur zum Beine vertreten oder Wasser lassen, sondern auch zum Essen einer Currywurst auf kurzen oder längeren Fahrten dringend notwendig.

- **Während des Bahnhofsaufenthalts:** Eine gute Currywurst kann die sonst unerträgliche Wartezeit angenehm machen.
- **Vor oder nach dem Baumarkt-Besuch:** Der samstäglich eigentlich von langer Hand geplante Snack vor dem Baumarkt, nachdem wichtige Gartenkomponenten, Kleinteile für längst fällige Reparaturen, das Grundsortiment für den Poolbau oder die Gartenteichanlage, ein paar Hänge-Geranien oder das x-te Dübelsortiment erworben wurden.
- **Als Belohnung:** Ein verdienter Ausgleich nach dem Tagwerk.
- **Beim Fußballspiel:** Beim Besuch im Stadion bzw. auf dem Weg dorthin gehört die Currywurst einfach dazu.
- **Im Notfall:** Ein Besuch der nächstgelegenen Imbissbude, wenn der Kühlschrank leer ist, der Supermarkt schon geschlossen hat und der Currykönig an der Tanke ausverkauft ist.
- **Als Tourist*in:** In einer fremden Stadt greift man gern zu bekanntem Essen.

Volkswagen Currybus

Im Jahr 2015 wurde ein VW-Oldtimer-Bulli zum Kunstwerk umgebaut: Volkswagen-Azubis hatten das Kunstwerk zusammen mit dem Künstler Erwin Wurm und dem Kunstmuseum Wolfsburg auf die Räder gestellt. Der fahrbare Wurststand in Currygelb sieht aus wie ein längliches Wurstbrötchen mitsamt seinem herausquellenden, leckeren Inhalt.

Volkswagen-Currywurst

Das erfolgreichste VW-Produkt war die Volkswagen-Currywurst, die seit 1973 nicht nur in den VW-Kantinen, sondern auch im Lebensmittel-Einzelhandel angeboten wurde. Mehrere Millionen Stück wurden jedes Jahr in der VW-eigenen Metzgerei hergestellt: zuletzt rund sieben Millionen Stück per annum und damit etwas mehr, als VW-Autos vom Band liefen!
Die „Original Volkswagen-Currywurst" wird ausschließlich in der hauseigenen Fleischerei von Volkswagen produziert. Die vegetarische Currywurst, seit 2010 als v(w)egetarische Alternative auf Anregung der Belegschaft eingeführt, wird durch eine Partnerfirma nach Original Volkswagen-Rezeptur auf Basis von Kichererbsenproteinen hergestellt. Offizielle Bestellnummern: 199 398 500 A (Wurst) und 199 398 500 B (Ketchup). So kann also jede*r im VW-System nicht nur Außenspiegel, Ersatzscheinwerfer oder Kotflügel (nach-)bestellen, sondern auch die firmeneigene Currywurst!

Unter Experten darf allerdings diskutiert werden, ob eine Bockwurst mit dem „Original Volkswagen-Gewürzketchup" eine „richtige" Currywurst ist.

Volkswurst

→ *Down Under*

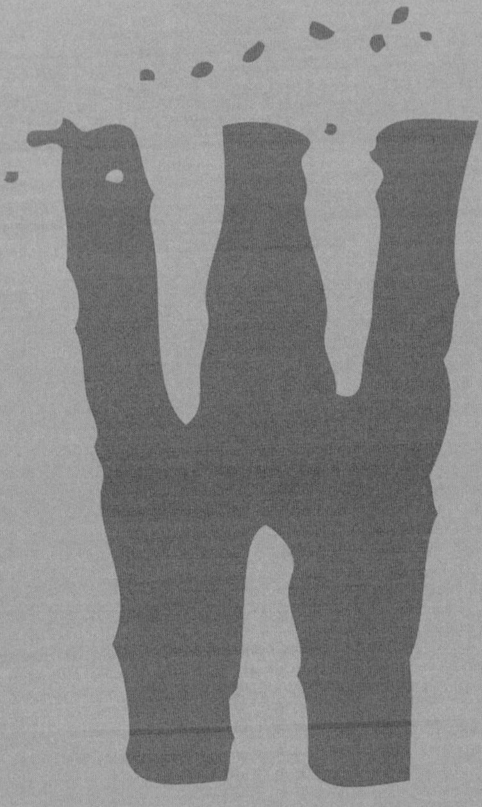

„WIR DANKEN DIR BESESSEN
FÜR DIESES TOLLE FRESSEN.“

BART SIMPSON

Wasser

Ein wichtiger Bestandteil der Currywurst: Bis zu 15 Prozent Wasseranteil ist normal – also auch unverzichtbar. Nicht zu verwechseln mit → *Wurstwasser*.

Wein

Ein Beitrag von Hendrik Thoma, Master Sommelier und Betreiber des Weinhandels „Wein am Limit“:

Bei Currywurst an ein Winepairing zu denken, das hört sich erstmal nach kulinarischem Frevel an, auf den die Höchststrafe steht. Allenfalls dekadente Kombinationen wie Prestige-Cuvée-Champagner werden durch einseitige Berichterstattung in den Volksmedien durchgepeitscht und sind einem breiten Publikum bekannt worden. Ob das wirklich passt oder nur Dekadenz und Protz zuträglich ist, das überlasse ich den Konsumenten gern selbst. Den Hardlinern fällt meistens auch nicht mehr ein als die klassische, aber treffende Kombi mit einem Pils aus der Flasche. Kann man machen, ohne Frage, aber geht auch mehr?

Die Currywurst ist ein ziemlich krasses Konstrukt aus unterschiedlichen Zutaten. Selbst dem legendären Molekularkoch Ferran Adria würde sie größten Respekt abverlangen. Denn die Currywurst hat alles: Salzigkeit durch die Wurst, eine Kruste mit Crunch und Raucharomen vom Grill, Schärfe vom Curry und Süße wie Säure in der Soße. Vor allem die Tomate sorgt für reichlich Umami aka Glutaminsäure, die als Soße auch für Textur sorgt. Der Supergeschmack oder fünfte Geschmackssinn lässt sich auch mit „lecker“ oder „schmackhaft“ umschreiben. *Savoury* aus dem Englischen hört sich zwar besser an, meint aber im Grunde dasselbe: einen warmen, reichhaltigen Geschmack am Gaumen. Auch die Wurst und vor allem ihr Brät sind durch den hohen Fettanteil Geschmacksverstärker. Dasselbe gilt bekanntlich für den Alkohol im Wein, denn je mehr Umdrehungen, desto mehr Power auf der Zunge: der Kontrabass im Wein.

Damit sind wir im Bereich des Winepairings angelangt. Denn auch in der Haute Cuisine ist die Soße das wichtigste geschmacksgebende Element. Zu Tomate passen nach meiner Erfahrung kräftige, würzige Rotweine am besten. Da sind die warmen Regionen in Europa und Übersee aufgrund der Reife und ihrer fruchtigen Intensität klar im Vorteil. Aber auch Weine, die solo getrunken einen trockenen Hals mit ihren massiven Gerbstoffen hinterlassen, blühen in der Kombination förmlich auf und kompensieren die Schärfe. Allerdings verstärkt ein hoher Alkoholgehalt auch die Schärfe, die je nach Curry den einen oder anderen verschrecken kann.
Meine absoluten Favoriten als Begleiter zu einer Currywurst sind eher die Schwergewichte aus der Welt der Önologie: Zinfandel „Old Vines“ aus Kalifornien, intensive Garnachas aus dem Rioja und Chianti Classico aus der Sorte Sangiovese. Natürlich geht auch ein Weißwein als Begleiter. Da liegen die fass-ausgebauten Chardonnays in meinem Ranking vor den fruchtigen Rieslingen oder herbsauren Sauvignon Blancs. Sie bleiben trotzdem zweite Wahl.

Es kommt, wie eigentlich immer, auf die Qualität der Grundzutaten und im Falle der Currywurst auf ihre

Verarbeitung an: zum Beispiel, welcher Grill (Gas oder Holz) genutzt wird und wie dunkel die Röstnote ist. Auch die Zusammenstellung des Currys kann, genau wie die Tomatensoße oder das Brät, große qualitative Fallhöhen aufweisen. Beim Wein sind Grundqualität, Herkunft und der Ausbau entscheidend für ein perfektes Match mit der Wurst.

Geschmack ist und bleibt ein persönliches Erlebnis. So gilt das Motto, was in einem anderen Zusammenhang große Bedeutung für die Wahl des richtigen Partners hat, auch für das passende begleitende Getränk zur Wurst: „Alles kann, nichts muss!“

Wunderwurst

Die Legende um die „Wunderwurst“ bzw. die „Wunderelf“ entstammt der Historie des Fußballvereins FC St. Pauli Hamburg und ist eine schöne Geschichte rund um die enge Verbindung zwischen Essen und Fußball: Nach dem Zweiten Weltkrieg, so ungefähr zwischen 1945 und 1949 nämlich, gelang es dem Spieler Karl Miller Junior viele Stars zum FC St. Pauli zu holen, die so jeden Mittag in der Schlachterei seines Vaters Karl Miller Senior große Wurst- und Fleischportionen vertilgen konnten. Ein Luxus, der nach dem Krieg nicht selbstverständlich und darum ein nicht unwesentliches Argument für einen Wechsel nach Hamburg war. Durch die unerwarteten sportlichen Erfolge der Mannschaft in dieser Zeit wurde sie „Wunderelf“ genannt – und die Würste eben „Wunderwürste“. Die Schlachterei Millers war übrigens in der Wexstraße in Hamburg ansässig, von der die → *Brüderstraße* abzweigt! Diese Verbindung zur Currywurst-Story von Uwe Timm wurde unseres Wissens nach bisher noch nie beschrieben.

Wurst und Wurstvarianten

Wurstherstellung *Rezepte*

Es gibt unzählige viele tolle Wurstspezialitäten für eine leckere Currywurst.

Wurst Case Szenario

Ein Wurst Case Szenario (eigentlich *worst case scenario*) beschreibt als Anglizismus den schlechtesten oder ungünstigsten anzunehmenden Fall. Dieser Begriff wurde im Jahr 2009 geprägt, als im Rahmen eines Wettbewerbs eine Plakatkampagne für die Currywurstsoße *Körrisaft* entworfen wurde. Der Begriff wurde mittlerweile häufig kopiert.

Wurstblinker

Der Wurstblinker taucht erstmals 1990 in dem Comicfilm „Werner – Beinhart" auf. Und 2015 hat ein deutscher Entwickler diesen „Blinker" tatsächlich an einem Simson Motorrad verbaut: Ein Wurstmagazin auf dem Lenker eines Motorrads schießt dabei mithilfe eines Federmechanismus Würste nach links oder rechts und zeigt so die gewünschte Fahrtrichtung an. Dass hier die Currywurstsoße vergessen wurde, haben wir mittlerweile verziehen.

wurstegal

Ein Adjektiv, das es ebenso wie „wurst" oder „wurscht" in den Duden geschafft hat. Bedeutung: egal, einerlei, gleichviel, unerheblich, wie auch immer, wie dem auch sei, indifferent, Jacke wie Hose, piepe!

Wurstherstellung

Egal, ob die Wurst gekocht, geräuchert oder getrocknet wird: Der Hauptbestandteil von Wurst ist Fleisch. Das Fleisch wird zerkleinert, und so entsteht Brät. Das Brät wird gesalzen und gewürzt und in Därme abgefüllt. Hört sich erst einmal einfach an. Aber allein bei der Auswahl des Fleisches und der Gewürze gibt es natürlich Hunderte

Varianten und Kombinationsmöglichkeiten. Darüber hinaus legen strenge Vorschriften fest, was in einer Wurst sein darf und was nicht, so dass die Wurst zum Beispiel nicht durch Pflanzen-, Milch- oder Eierprodukte beliebig „verlängert“ werden kann.
Eine Wurst einmal selbst herzustellen und sich mit den vielfältigen Variationsmöglichkeiten zu beschäftigen, kann durchaus spannend sein, auch wenn es nicht ganz einfach ist. Es gibt tolle Magazine und Bücher, die dabei helfen. Viel Spaß & Erfolg!

Wurstwasser

Natürlich ist Wurstwasser trinkbar. Der Begriff bezeichnet allerdings nicht das zur Wurstherstellung benötigte Wasser oder das Tafelwasser als Begleitung zur Currywurst. Beim Wurstwasser handelt es sich um das Wasser bei Würstchen im Glas, wodurch die Haltbarkeit verbessert wird und die Würstchen nicht austrocknen sollen. Schmeckt als Getränk, was nicht zu empfehlen ist, heftig: salzig, leicht rauchig und vor allem abgestanden und muffig.

X

XTRA LARGE
IS FOR THE BEST SAUSAGE
IN CHARGE?

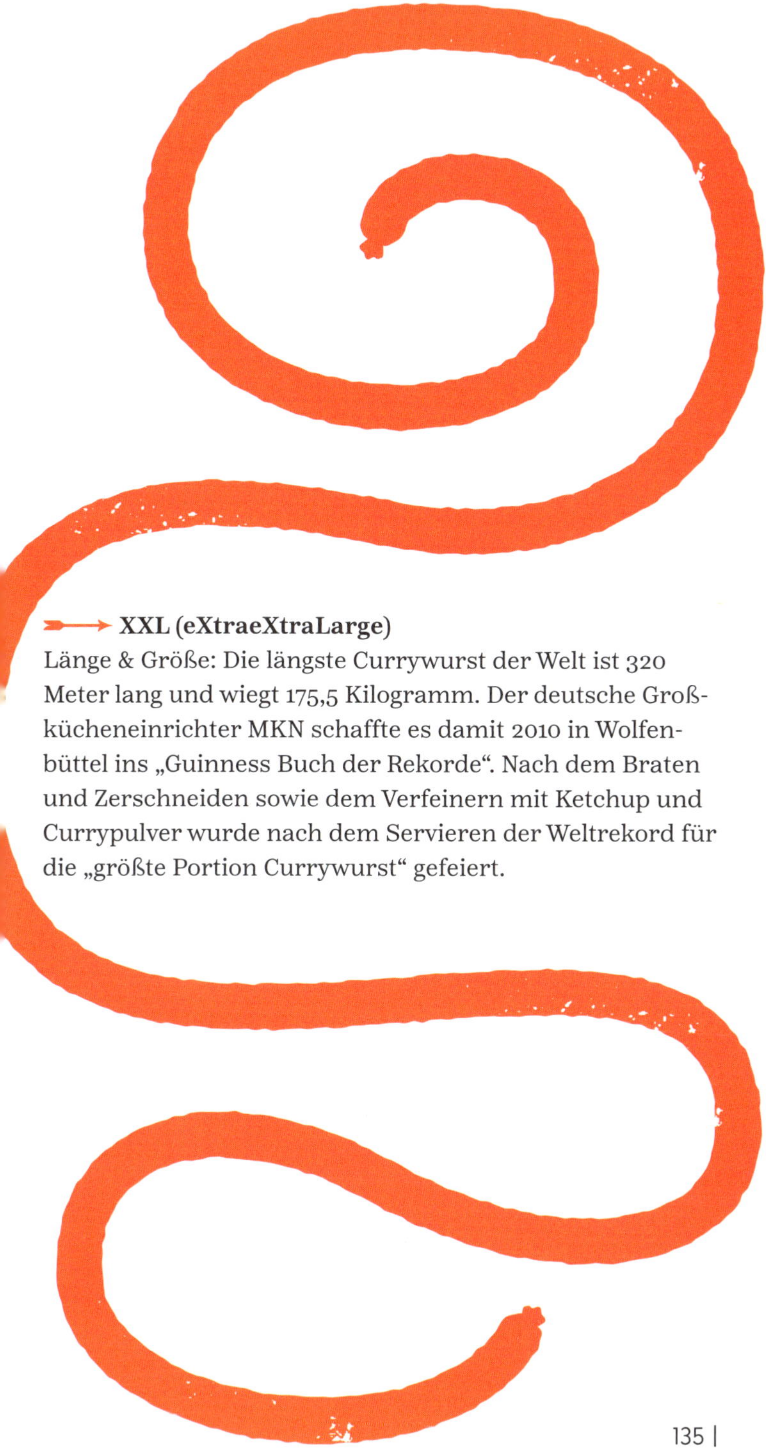

XXL (eXtraeXtraLarge)
Länge & Größe: Die längste Currywurst der Welt ist 320 Meter lang und wiegt 175,5 Kilogramm. Der deutsche Großkücheneinrichter MKN schaffte es damit 2010 in Wolfenbüttel ins „Guinness Buch der Rekorde". Nach dem Braten und Zerschneiden sowie dem Verfeinern mit Ketchup und Currypulver wurde nach dem Servieren der Weltrekord für die „größte Portion Currywurst" gefeiert.

Y

YOU'LL NEVER EAT ALONE.
IF YOU SERVE CURRYWURST.

YouTube

Der Suchbegriff „Currywurst“ beim Videoportal YouTube spuckt Zehntausende Treffer aus. Wer also auf der Suche nach weiteren Informationen, Tipps, Blödsinn oder was auch immer ist, kann sich dort austoben.

„ZUNÄCHST FANGEN SIE SICH IHREN HASEN ...“

HANNAH GLASSE

Zahl

In Deutschland werden pro Jahr circa 800 Millionen Currywürste verzehrt. Obwohl das um die zehn Currywürste pro Person sind, gab in einer Umfrage 2019 die relative Mehrheit der Befragten, nämlich 38 Prozent der Deutschen, an, sie würden „nur selten" eine Currywurst essen. (Quelle: Statista/YouGov)

Zehn Gebote

Die zehn Gebote der echten und guten Currywurst

1. Die Currywurst stammt aus dem Ruhrgebiet und dort ist ihre wahre Heimat – das solltest du nie anzweifeln!
2. Jeder Tag ohne Currywurst ist ein verlorener Tag!
3. Teile deine Currywurst gerne, besser ist es aber, eine zweite Portion zu bestellen!
4. Du sollst deine Currywurst in mundgerechten Stücken zerteilt serviert bekommen (Flapflap-Cutter-Maschine)!
5. Auf der Currywurst hat beim Servieren Currypulver nichts zu suchen (es muss alles bereits in der Soße sein, ästhetische Ausreden zählen nicht)!
6. Deine Currywurst soll beim Servieren in der Soße baden!
7. Du sollst nicht begehren deines Nächsten Currywurst – hol dir lieber 'ne eigene Portion!
8. Currywurst geht immer, auch wenn der Hunger klein ist!
9. Du sollst die übriggebliebene Soße mit Brot oder besser Pommes bis zum letzten Tropfen genießen!
10. Nur eine richtige Rostbratwurst oder Grillwurst kann zu einer echten Currywurst geadelt werden!

Zusatzstoffe *→ Fragen*

Zusatzstoffe in Lebensmitteln sind Möglichkeiten, die Struktur, den Geschmack, den Geruch, die Farbe und Haltbarkeit der Produkte und Erzeugnisse zu beeinflussen. Diese müssen in Deutschland natürlich auch in Imbissbuden gekennzeichnet und ausgeschildert werden, um die Verbraucher*innen entsprechend zu informieren. In der Currywurst könnten das – auch wenn unerwünscht – durch die Kombination Wurst und Soße zum Beispiel Phosphat, Farbstoffe oder Konservierungsstoffe sein. In Hamburg gibt es das sehr informative Deutsche Zusatzstoffmuseum.

Zwiebeln

→ Lametta

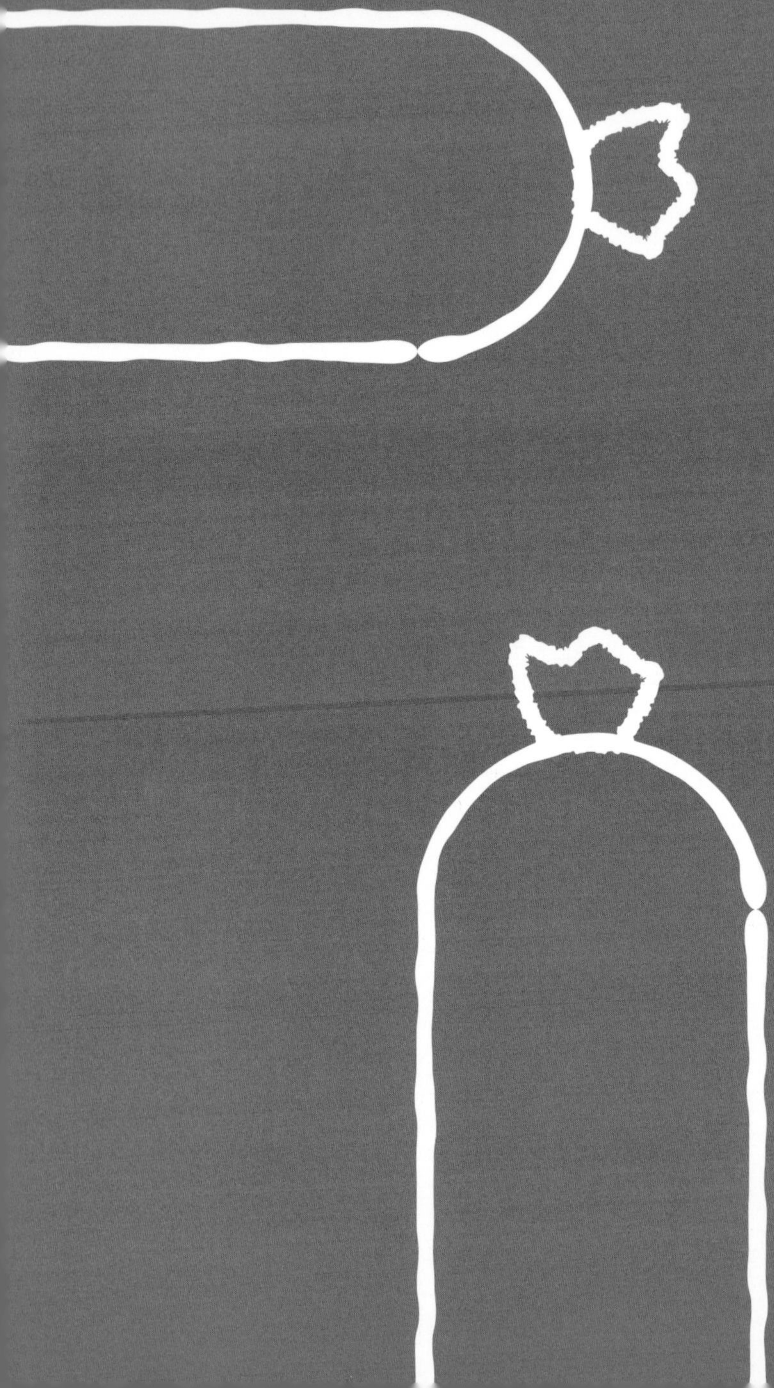

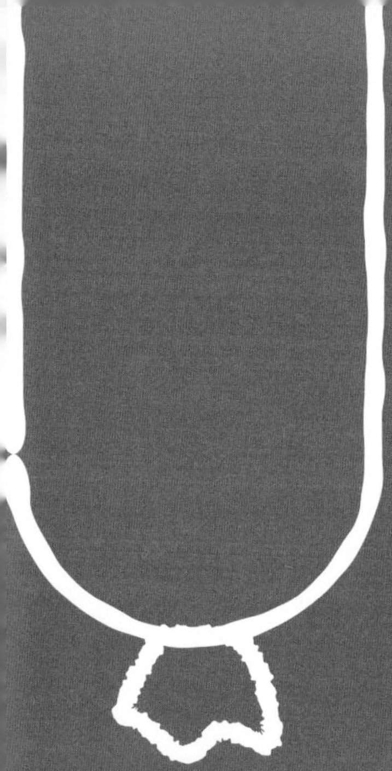

ALLES HAT NEN ANFANG,
NUR DIE WURST HAT ZWEI.
ODER MEHR?

DIE WAHRE HEIMAT DER CURRYWURST

Um die Currywurst haben sich im Laufe der letzten fast fünfundsiebzig Jahre jede Menge Mythen und Geschichten angesammelt. Das macht sie besonders – auch über ihren köstlichen Geschmack hinaus: Es gibt kein anderes Gericht, über dessen Herkunft so erbittert und andauernd gestritten wird, wie über die der Currywurst. Entsprechend ernste, aber auch lustige Auseinandersetzungen füllen seit jeher Zeitungsartikel, Food-Seiten in Magazinen und viele Stunden Fernsehbeiträge. Das Thema elektrisiert bis heute, und die Diskussionen um die wahre Heimat der Currywurst befeuern die Mythenbildung immer wieder.

Um nur ein Beispiel zu nennen, wie in diesem Zusammenhang Emotionen aufeinanderprallen und Sensibilitäten geweckt werden, sei die Titelzeile der Bild-Zeitung vom 14. September 2018 zitiert: „Ihr habt doch einen an der Pappe". Damals ging es darum, dass das Ruhrgebiet erstmalig der Berliner Erfindungsgeschichte um die Currywurst „auf die Pelle" rückte, so dass aus Berlin umgehend diese heftige Reaktion folgte – wie immer, wenn es um des*der Deutschen Currywurst geht. Offensichtlich war ein Wespennest getroffen, und vielleicht trifft hier ja auch die alte Weisheit zu: Wer sich verteidigt, klagt sich an. In jedem Fall scheinen die Berliner*innen beim Thema Currywurst ziemlich dünnhäutig zu sein – verständlich, wo doch eine Vielzahl der Berliner Currywürste tatsächlich ohne Haut bzw. Darm hergestellt und genossen wird.

Aber ist wirklich nicht zu klären, wo die Currywurst erfunden wurde?

Viele Anfangsgeschichten der Currywurst gehen zurück auf die Nachkriegsjahre in Berlin und Hamburg. Aber auch andere Orte und Regionen, nicht zuletzt das Ruhrgebiet, haben in der Vergangenheit immer wieder neue Legenden und Quellen zur Entdeckung der Currywurst hervorgebracht. Ordentlich gestritten wird über den Geburtsort der Currywurst immer wieder. Es wird daher Zeit, den Mythos um die Heimat der Currywurst ein für allemal aufzuklären.

MYTHOS GEBURTSORT
BERLIN

Herta Charlotte Heuwer (* 30. Juni 1913 in Königsberg als Herta Charlotte Pöppel; † 3. Juli 1999 in Berlin) betrieb seit Mitte August 1949 an der Kantstraße, Ecke Kaiser-Friedrich-Straße in Berlin-Charlottenburg, einen Imbissstand.

Am 4. September, kurz nach der Eröffnung, so sagte sie selbst, kam ihr eine Idee: Sie mischte aus Tomatenmark, Currypulver, Worcestershiresoße und einigen weiteren Zutaten eine neue leckere Soße und servierte diese zu einer gebratenen Brühwurst. Heuwer nannte ihre neue Kreation „Spezial Curry-Bratwurst", die dann Mitte der 1950er Jahre zur „Currywurst" wurde.

Allerdings passt hier, streng betrachtet, nicht alles nahtlos zusammen. Denn laut Herta Heuwer regnete es in Berlin an jenem Tag ausgiebig, als sie ihre neue Soße bei schlechtem Wetter zu ihrem Zeitvertreib erstmalig anrührte. Die Wetteraufzeichnungen des Deutschen Wetterdienstes hingegen bescheinigen, dass der 4. September 1949 ein trockener Tag bei 22 Grad Celsius in der Hauptstadt war. Eine weitere Legende besagt, dass die Soßenkreation als „Steakersatz" für ihren Mann Kurt entstanden sein soll.

Aber so ist das eben mit Legenden: Sie werfen mitunter neue Fragen auf – und Herta Heuwer können wir heute leider nicht mehr dazu befragen.

Die Kulturhistorikerin Petra Foede geht übrigens davon aus, dass an der Entwicklung der Currywurst sowieso mehrere Berliner Wurstverkäufer beteiligt gewesen waren, was jedoch ebenso wenig nachzuweisen ist wie die Theorie um Herta Heuwer.

Herta Heuwer in ihrem Imbiss, Juli 1966

Diese jedenfalls ließ ihre Soßenkreation aus dem September 1949 knapp zehn Jahre später als Marke mit dem Namen „Chillup“ (eine Fantasiebezeichnung der Wortkombination aus Chili und Ketchup) eintragen. Im Jahr 1959 wurde diese Marke dann als Warenzeichen für „Spezial-Soße“ in der Zeichenrolle des Deutschen Marken- und Patentamts eingetragen (das entspricht der heutigen Einteilung nach Warenklassen, in denen Marken und Markennamen geschützt werden können).

Später trat Herta Heuwer in Talkshows als Gründerin der „ersten Currywurst-Braterei der Welt" auf. Und wenn ihr jemand ihre Erfindung streitig machen wollte, antwortete die resolute Dame stets „Ick hab dat Patent, basta!". Dazu sei der Ordnung halber erwähnt, dass die Bezeichnung „Patent" nicht korrekt ist, denn das würde bedeuten, dass Herta Heuwer auch die genaue Rezeptur ihrer Currywurstsoße hätte offenlegen müssen. Diese hütete sie aber Zeit ihres Lebens und nahm sie im Jahr 1999 mit ins Grab.

Ganz Berlin bietet bis heute zahlreiche Geschichten rund um die Currywurst. So ist zum Beispiel die „Currywurst ohne Darm" eindeutig der Hauptstadt zuzuordnen und wird von vielen als Berliner Original bezeichnet, obwohl die Verzehranteile der Currywurst mit bzw. ohne Darm mittlerweile gleich sind.

Seit 2020 ist die „Berliner Currywurst ohne Darm" vom Deutschen Patent- und Markenamt als geschützte geografische Herkunftsangabe eingetragen. Damit darf diese Art der „Berliner Currywurst" ausschließlich in Berlin hergestellt werden. Das Prüfverfahren für dieses Patent dauerte dreizehn Jahre, da viele andere Produzenten von außerhalb Berlins eine Currywurst unter diesem Namen produzieren wollten.

Krasselt's Imbiss, Steglitzer Damm

„Konnopke's Imbiss" in der Schönhauser Allee

„Curry 36" am Mehringdamm

Mehr als in jeder anderen deutschen Stadt oder Metropolregion wird Berlin mit seinen speziellen Currywurstbuden sowie deren Gründern, Stories und Menschen in Verbindung gebracht: Der weit über Berlins Grenzen bekannte „Konnopke's Imbiss" brachte die Currywurst 1960 als erster nach Ost-Berlin, „Krasselt's Imbiss" in Berlin-Steglitz serviert Currywurst nur mit einem schrägen Schnitt und im Mehringdamm 36 machte das Ehepaar Stenschke aus einem Holzwagen seit 1980 die heute mittlerweile international bekannte Imbiss-Institution „Curry 36".

Diese Geschichten sind mittlerweile legendär und werden vermutlich noch viele Jahre fortgeschrieben.

MYTHOS GEBURTSORT HAMBURG

Uwe Timms Novelle als Graphic Novel von Isabel Kreitz

In der Novelle „Die Entdeckung der Currywurst“ von 1993 geht der Schriftsteller Uwe Timm seinen Kindheitserinnerungen nach und spürt die mittlerweile 86-jährige Lena Brücker in einem Altenheim in Hamburg auf, weil er sie für die Erfinderin der Currywurst hält. Diese lüftet zum Ende des Buches das Geheimnis um die vielleicht erste Currywurstsoße, bei deren Entstehung der Zufall verantwortlich ist: Lena Brücker betreibt seit 1947 einen Imbiss am Großneumarkt in Hamburg und gerät bei Tauschgeschäften mit den britischen Besatzern an Ketchup und Currypulver. Der Ketchup und das Currypulver fallen ihr aus Versehen auf den Boden und vermischen sich. Der erste Curryketchup als Soße, serviert in Kombination mit einer Bratwurst, und somit die erste Currywurst Deutschlands, sind entdeckt.

Für den (Ich-)Erzähler des Buches ist die fiktive Figur Lena Brücker die erfundene Stellvertreterin der Frauen, die den Wiederaufbau im zerstörten Hamburg nach Ende des Zweiten Weltkriegs gestemmt haben. Und bei so einer Frau, erinnert sich der Autor, hat er angeblich schon 1947 am Imbissstand auf dem Hamburger Großneumarkt eine Currywurst gegessen.

Screenshot aus einem Beitrag des NDR
zur Herkunft der Currywurst

Als Uwe Timms Buch 1993 erschien, machte sich deshalb nach Berlin nun auch Hamburg auf, den ersten Platz um den Geburtsort der Currywurst zu erklimmen.

Einer der Höhepunkte dieses Hamburger Aktionismus war eine Gedenktafel, die der damalige Innensenator Ronald Schill 2003, als Gegenbewegung zur Berliner Gedenktafel desselben Jahres, feierlich enthüllte.

Besonders peinlich ist allerdings der bis heute kaum bekannte Schreibfehler auf der mittlerweile wieder entfernten Tafel: Es wurde Lena Brückner (mit „n") und nicht richtigerweise Lena Brücker geehrt, die dazu ja noch eine fiktive Person aus Uwe Timms Novelle ist ...

MYTHOS GEBURTSORT BÜCKEBURG

Im Jahr 2018 wollten sich die Berliner*innen gerade auf das anstehende 70-jährige Jubiläum der Currywurst in Deutschland vorbereiten, und die deutschen Gazetten und sonstigen Medien planten bereits wieder einmal die sorgfältige Aufbereitung von allerlei Geschichten und Anekdoten rund um die Currywurst. Da gab es auf einmal Neuigkeiten zu dem Thema: Alexander Fürst zu Schaumburg-Lippe behauptete, dass die Currywurst in Wirklichkeit in Niedersachsen erfunden wurde!

Auch hier spielt die Geschichte der Erfindung der Currywurst in der Zeit kurz nach Ende des Zweiten Weltkriegs. Nordwestdeutschland ist britisch besetzt, und die Besatzer müssen neben dem Besetzen, Verwalten, Bestimmen und Repräsentieren auch noch – richtig: essen. Dies galt in besonderer Weise für das britische Offizierskorps.

Auf Schloss Bückeburg im ansonsten hauptsächlich durch weiße Flecken auf der Landkarte geprägten Lipperland befand sich nun also ein Standort für die Verwaltung der Besatzungsmacht. Nicht gerade berühmt für die hohe Schule der Küche rekrutierte sich der Koch dieser Institution folgerichtig nicht aus Militärangehörigen der königlich vereinigten, aber kulinarisch mit hohem Entwicklungspotenzial ausgestatteten Nordseeinseln, sondern aus der entnazifizierten Heimatbevölkerung. Sein Name war Ludwig Dinslage und er soll in der Schlossküche überaus geschickt mit dem vorherrschenden Versorgungsmangel an Lebensmitteln umgegangen sein.

Ludwig Dinslage: Er soll in der Schlossküche von Bückeburg die Currywurst erfunden haben.

So soll es sich also ereignet haben, dass er, irgendwann im Frühjahr 1946, ein geselliges Abendessen für die Herren Offiziere zuzubereiten hatte, allerdings mit Rohstoffen und Zutaten, die, zumindest nach traditionellen Küchenregeln, inkompatibel waren. Würste, die gebraten werden sollten und konnten, waren da, aber es mangelte an Beilagen und Soße. So kredenzte Dinslage eine Soße aus Aprikosenmarmelade, Tomatenketchup, Curry und Salz.

Der Legende nach riefen die Gäste damals im Speisesaal des Schlosses laut „delicious!“ (engl. lecker), als sie die Soße zusammen mit der gebratenen Wurst erstmals genießen durften.

Die „Currywurstsoße nach Bückeburger Art“ war also erfunden.

Diese Story soll Alexander Fürst zu Schaumburg-Lippe übrigens vom Sohn Dinslages erfahren haben, und auch Ludwig Dinslage selbst hatte dies auch schon in einem Interview in der Westfalenpost vom 12. September 1984 berichtet. Aber vor 2018 war seine Geschichte in die Legendenreihe der Currywurst-Erfindungsstories merkwürdigerweise nicht richtig wahrgenommen worden.

In der Küche von Schloss Bückeburg

ZWISCHENFAZIT

Alle Geschichten zur Entdeckung der Currywurst zwischen 1946 und 1949 haben gemein, dass das neu aufgetauchte Currypulver als entscheidende Zutat in der Rezeptur der Currywurstsoße eine überaus wichtige Rolle spielte.

In den Nachkriegsjahren Deutschlands war der Bezug von Lebensmitteln, Gewürzen und Genussmitteln wie Kaffee oder Tee bekanntlich äußerst schwierig, so dass das Tauschen und „Organisieren“ in Form von Schwarzhandel stark florierte. Das exotische Gewürzpulver Curry war damals in Deutschland noch sehr unbekannt und dürfte, wenn überhaupt, nur sehr selten verfügbar gewesen sein.

In Großbritannien, durch intensive Handelsbeziehungen u.a. mit Indien, ist Curry allerdings schon früher und besser verfügbar gewesen als in Deutschland.

Insofern könnte es sein, dass der Bezug von Currypulver durch die britischen Alliierten nach dem Zweiten Weltkrieg eine zentrale Rolle bei der Erfindung der Currywurst spielte.

Allerdings gab es auch schon in den 1930er Jahren die Bezeichnung „Currypulver Englische Art“ in Deutschland – und so kommen wir zum Mythos Ruhrgebiet.

1946 Bückeburg
1947 Hamburg
1949 Berlin

DAS RUHRGEBIET – DIE HEIMAT DER CURRYWURST?

Auch im Ruhrgebiet hat die Currywurst seit vielen Jahrzehnten eine Heimat und ist ein leidenschaftlich geschätztes „Grundnahrungsmittel“. Der besonders guten Qualität der Ruhrgebiets-Currywurst könnte also ebenfalls eine besondere Entstehungsgeschichte zugrunde liegen. Die Wurst-Basis ist im Ruhrgebiet im Gegensatz zu Berlin und Hamburg immer eine Bratwurst, wohingegen in Hamburg und Norddeutschland leider oft eine Bockwurst und in Berlin eher eine Brühwurst verwendet wird.

Spricht man mit den Menschen im Ruhrgebiet, stellt man fest, dass auch sie die Erfindung der Currywurst für ihre Region beanspruchen. Doch wo genau, und wer daran maßgeblich beteiligt gewesen sein könnte, war bisher nicht eindeutig bekannt. Und es ist den Leuten im Westen Deutschlands anscheinend auch nicht so wichtig gewesen wie den selbstbewussten Berliner*innen und zeitweise interessierten Hamburger*innen. Vielmehr haben sie eher eine Art bescheidenen Stolz, dass die Currywurst sehr wahrscheinlich irgendwo im Ruhrgebiet erfunden wurde – ohne es nötig zu haben, bei dem prahlerischen Bohei Rest-Deutschlands und beim Beweis des genauen Datums der Erfindung mitzumischen.

Bei der Recherche nach handfesten Indizien für die Geburtswiege der Currywurst im Ruhrgebiet sticht eine Imbissinstitution namens „Peter Pomm's Pusztetten-Stube“ in Duisburg heraus.

Nicht nur wegen des ungewöhnlichen Namens der Imbissbude am August-Bebel-Platz 7 in Marxloh, einem Stadtteil im Duisburger Norden, sondern weil auf einem Schild über dem Eingang der Hinweis „Currywurst seit 1936“ zu lesen ist!

Das Jahr 1936 liegt bekanntermaßen eindeutig vor den hier bisher beschriebenen Currywurst-Entdeckungsgeschichten zwischen 1946 und 1949, und dies müsste dann ja ein klarer Nachweis für die erste Currywurst Deutschlands – und somit der großen weiten Currywurst-Welt – sein!

Willem Tauber, Inhaber von „Peter Pomm's Pusztetten-Stube“ und ein Marxloher Original, erzählte uns zusammen mit seiner Tochter Iris Tauber die ganze Geschichte:

P.J. Hildebrand in den 1930er Jahren

Willem Taubers Schwiegervater Peter (eigentlich Petrus) Johann Hildebrand wurde am 22. September 1911 in der Gemeinde Oss in den Niederlanden als Sohn eines Metzgermeisters geboren und kam in den 1920er Jahren nach Deutschland, weil es im Ruhrgebiet mal wieder ordentlich brummte und an Arbeitskräften mangelte. Nach dem Besuch der Handelsschule verbrachte er die Zeit zwischen 1927 und 1934 zunächst als Kaufmannslehrling in einer Duisburger Wurstfabrik.

Bereits am 15. März 1935 meldete er einen selbstständigen „Betrieb für Darmhandel“ im Sternbuschweg in Duisburg an. Und am darauffolgenden 16. März wurde das Gewerbe für „Imbißbetriebe und Verkaufsstellen für Imbißwaren" in Duisburg-Hamborn sowie „Großhandel mit Fleisch und Fleischwaren" angemeldet.

In den Jahren 1935 und 1936 war Peter Hildebrand kaufmännisch sehr aktiv und bezog „Currypulver Englische Art" von der Hamburger Gewürz-Mühle, die seit dem Jahr 1930 Gewürze importierte und über den eigenen Großhandel über die Grenzen Hamburgs hinaus vertrieb. Diese frühe Geschäftsbeziehung bestätigt Finn Schulz, die vierte Generation der Hamburger Gewürz-Mühle, im März 2023: „Mein Großvater und andere Oldies haben uns davon schon früher als Kind erzählt, weil es ja immer wieder Stories um Currygewürze und die Erfindung der Currywurst gab".

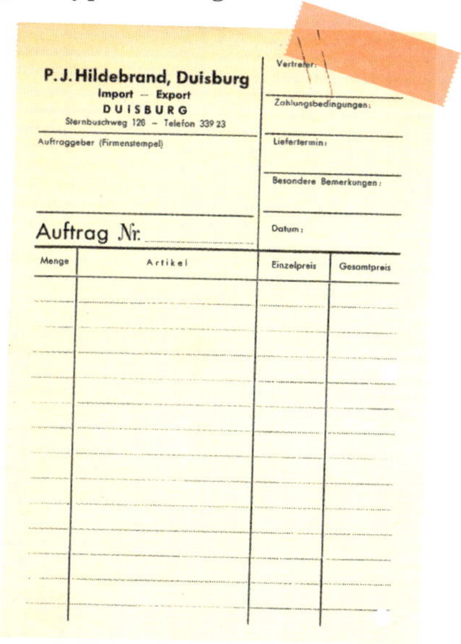
P. J. Hildebrand, Duisburg
Import — Export
DUISBURG
Sternbuschweg 128 – Telefon 339 23

Auftraggeber (Firmenstempel)

Auftrag Nr.

Vertreter:
Zahlungsbedingungen:
Liefertermin:
Besondere Bemerkungen:
Datum:

Menge	Artikel	Einzelpreis	Gesamtpreis

Peter Hildebrands Plan war, die groben Bratwürstchen aus eigener Herstellung mit dem seit kurzer Zeit auch in Deutschland erhältlichen Tomatenketchup und dem wunderbar aromatischen und exotischen Gewürz zu kombinieren.

Dies war also die wahre Geburtsstunde der Currywurst!

Im Hinblick auf die politischen Machthaber Deutschlands und deren nur allzu willigen Informantinnen und Informanten stand diese Geburt aber unter einem schlechten Stern. Die Furcht vor Behördenwillkür und Gefangennahme aufgrund „unvölkischem" Verhalten machte Hildebrand eine effektive Vermarktung vor dem Krieg unmöglich, bevor ihm in den Kriegsjahren des Zweiten Weltkriegs als Niederländer die unternehmerischen Tätigkeiten in Deutschland gänzlich untersagt wurden.

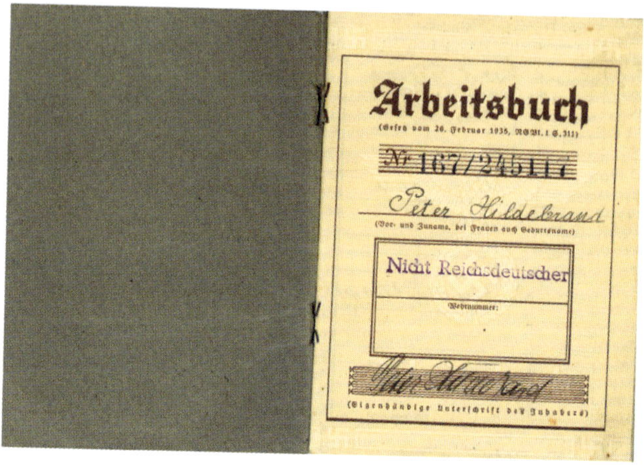

Peter Hildebrands Arbeitsbuch

Im Januar 1941 heiratete Peter seine Frau Irmgard, im Oktober 1943 kam die gemeinsame Tochter Heide Hildebrand, die spätere Frau Willem Taubers, zur Welt. Auch in den schwierigen Kriegsjahren ließ sich Peter Hildebrand nicht davon abhalten, im privaten Kreis Currywurst herzustellen und zu verzehren. Die Rezeptur bzw. die Kombination der Zutaten sprach sich im Ruhrgebiet herum, und so erfreuten sich vor Kriegsausbruch, solange die Zutaten irgendwie erhältlich waren, Currywürste wachsender Beliebtheit. Und es ist natürlich nicht auszuschließen, dass diese Rezept-Idee so auch in andere Teile Deutschlands gelangte. Nach Kriegsende griff Hildebrand seine Currywurst-Idee „offiziell" wieder auf und vermarktete sie. Der Siegeszug der Currywurst nahm seinen Lauf: spätestens jetzt auch über das Ruhrgebiet hinaus bis nach Hamburg, Berlin und in andere Städte und Regionen Deutschlands.

Peter Hildebrand mit Team, 1957

Die Familiengeschichte der Hildebrands und Taubers ist auch nach dem Krieg vom Imbissgeschäft geprägt: Im September 1958 erhält Peter Hildebrand die „Erlaubnis zur Errichtung eines Verkaufsstandes" zum Verkauf von Imbisswaren in der Weseler Straße 47–49, der Start für teilweise bis zu drei Imbissbetrieben in Duisburg.

Hildebrands Verkaufsschlager waren Pommes frites, und schon 1959 kam mit der „Kartoffelkrise" in Deutschland die nächste Hürde für seine Geschäfte. „In dem Jahr war die Ernte so schlecht, dat uns keiner Fritten liefern konnte", erzählt Willem Tauber. Aber man trotzte den harten Nachkriegsjahren tapfer und aus Peter Hildebrand wurde „Peter Pomm".

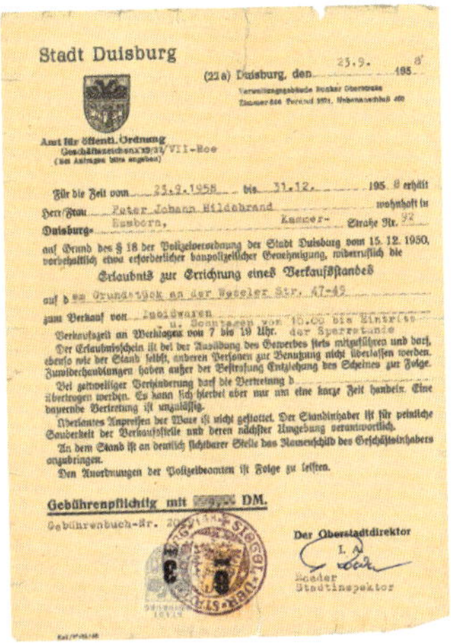

Stadt Duisburg

(22a) Duisburg, den 25.9. 1958

Amt für öffentl. Ordnung

Geschäftszeichen: .../VII-Roe

Für die Zeit vom 25.9.1958 bis 31.12. 1958 erhält

Herr/Frau Peter Johann Hildebrand wohnhaft in

Duisburg-Hamborn, Kammer- Straße Nr. 92

auf Grund des § 18 der Polizeiverordnung der Stadt Duisburg vom 15. 12. 1950, vorbehaltlich etwa erforderlicher baupolizeilicher Genehmigung, widerruflich die

Erlaubnis zur Errichtung eines Verkaufsstandes

auf dem Grundstück an der Weseler Str. 47-49

zum Verkauf von Imbisswaren

Verkaufszeit an Werktagen von 7 bis 19 Uhr. u. Sonntagen von 15.00 bis Eintritt der Sperrstunde

Der Erlaubnisschein ist bei der Ausübung des Gewerbes stets mitzuführen und darf, ebenso wie der Stand selbst, anderen Personen zur Benutzung nicht überlassen werden. Zuwiderhandlungen haben außer der Bestrafung Entziehung des Scheines zur Folge.

Bei zeitweiliger Verhinderung darf die Vertretung d... übertragen werden. Es kann sich hierbei aber nur um eine kurze Zeit handeln. Eine dauernde Vertretung ist unzulässig.

Überlautes Anpreisen der Ware ist nicht gestattet. Der Standinhaber ist für peinliche Sauberkeit der Verkaufsstelle und deren nächster Umgebung verantwortlich.

An dem Stand ist an deutlich sichtbarer Stelle das Namensschild des Geschäftsinhabers anzubringen.

Den Anordnungen der Polizeibeamten ist Folge zu leisten.

Gebührenpflichtig mit [illegible] DM.

Gebührenbuch-Nr. [illegible]

Der Oberstadtdirektor

I. A.

Roeder

Stadtinspektor

Offizielle Gewerbeerlaubnis

Nach einer Idee seiner Frau Irmgard erfand der geschäftstüchtige Peter Hildebrand dann die „Pusztetten“, kleine Fleischbällchen in pikanter Tomatensoße, möglicherweise in Anlehnung an die ungarischen Puszta Bällchen. Diese durften von nun an – als eingetragener Markenname und nach Geheimrezept hergestellt – nur in den Filialen von „Peter Pomm's Pusztetten-Stube“ verkauft werden.

Im Bild: die berühmten Pusztetten und Peter Pomm's Currywurst

So ist erklärt, woher der außergewöhnliche Name der Imbissbude stammt, und warum die Erfindung der Currywurst, viele Jahre zuvor, ein wenig in den Hintergrund geraten war. Aber da alle dort die leckere Currywurst schon seit mindestens 1936 kannten, ist es eine Selbstverständlichkeit gewesen, eben auch das bereits erwähnte Schild „Currywurst seit 1936“ über dem Eingang zu präsentieren.

Sicher ist weiterhin, dass das Jahr 1936 vor den Jahren 1946 in Bückeburg, 1947 in Hamburg und 1949 in Berlin liegt!

Alles hat ein Ende – nun auch der Streit um den Geburtsort der Currywurst in Deutschland!

Im YouTube-Video von „TV Rekord“ von Dietmar Alexy berichtet Willem Tauber 2014 im Beitrag „Die Currywurst kommt aus Holland“: „Früher hat man die warme Wurst aus‘m Kessel geholt und dann ham die ne Pause gemacht und ham einfach Curry draufgetan, und dat hieß dann bei uns früher schon vorm Krieg ‚Currywurst‘, so einfach war dat … Sie können mir glauben, nach meinem Wissen hat sich Currywurst von Marxloh aus ausgebreitet in einer Windeseile …“.

↦ *https://tinyurl.com/ys2ben54*

Die Wiege der Currywurst? Historisches Foto von „Peter Pomm's Pusztetten-Stube“

Willem Tauber, geboren am 24. April 1941, lebt heute noch in Duisburg, im selben Haus wie seine beiden Töchter.

FAZIT

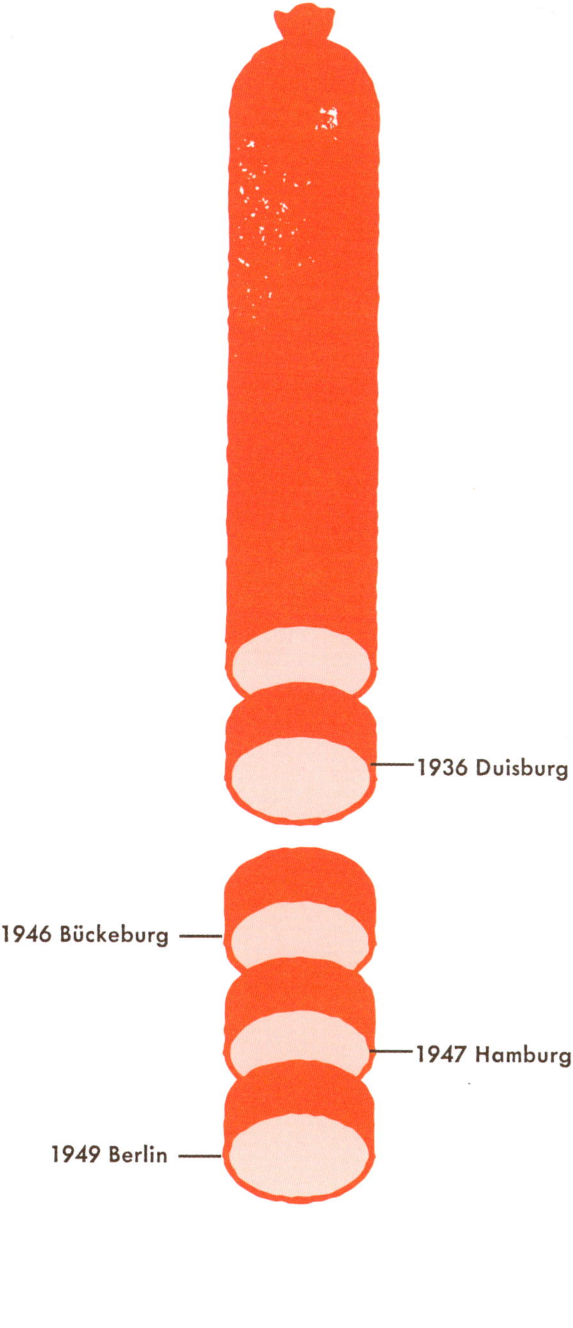
1936 Duisburg
1946 Bückeburg
1947 Hamburg
1949 Berlin

DANKE

VON TIM AN ...

... meine Mutter Irmi Diedrich für die erste Currywurst meines Lebens,
... Emmylou, Mats & Liv Koch für die gemeinsame Currywurstleidenschaft,
... Pia Bierschbach für die wertvolle Hilfe bei diesem Buch – und die Liebe zur und rund um die Currywurst & das Leben – „Pommes isst man immer auf!",
... Alexandros Soukas, Spiridon Soukas und Christian Blech für die Begeisterung und den Glauben an all unsere Marken und Produkte.

VON GREGOR AN ...

... meine Oma Gertrud, die durch eine Nebensatzbemerkung im Jahr 1977 die Liebe zur Currywurst und damit den Stein überhaupt erst in Rollen gebracht hat.

VOM VERLAG UND DEN AUTOREN AN ...

... Axel Ohm für den Gastbeitrag „Bier",
... Hendrik Thoma für den Gastbeitrag „Wein",
... Axel Klubescheidt für den Gastbeitrag „Cocktail",
... Familie Tauber (als Nachfolger des Erfinders Peter Hildebrand),
... Ludger Claßen (r.i.p.), der uns auf die richtige Spur gebracht hat.

WEITERFÜHRENDE LITERATUR

- Zeitschrift Beef!, Extra-Ausgabe 01/ 2018, Alles Wurst! Gruner + Jahr GmbH & Co KG
- Petra Boden: Die Berliner Currywurst, Berlin Edition im be.bra Verlag, 2010
- Petra Foede, Wie Bismarck auf den Hering kam, Kein & Aber, 2009
- Isabel Kreitz/Uwe Timm: Die Entdeckung der Currywurst, reprodukt, 2022
- René Martens: Wunder gibt es immer wieder. Die Geschichte des FC St. Pauli, Die Werkstatt, 2007
- Henning Prinz: Pommesführer Ruhr. Die 50 kultigsten Buden, Klartext Verlag, 2012
- Barbara Radl: Currywurst-Führer, Eichborn, 2010
- Gerd Rüdiger: Currywurst. Ein anderer Führer durch Berlin, be-bra Verlag, 1995
- Ben Schott: Schotts Sammelsurium *Essen & Trinken*, Berlin Verlag, 2018
- Uwe Timm: Die Entdeckung der Currywurst, dtv, 2000
- Vito von Eichborn (Hg.)/Marc Reisner: Alles über die Currywurst, BoD, 2010

BILDNACHWEIS

Bionic Systems S. 23 u., Ian Blasshofer S. 47–51, Funke Foto Services S. 76 u., *Imago Images*: Schöning S. 23 o. u., S. 24, S. 147, S. 149, S. 150, Michael Gstettenbauer S. 23 m., photothek S. 70, Baering S. 76 o., Depositphotos S. 82 o., Xinhua S. 82 u., biky S. 91, Jochen Tack S. 94, Aviation Stock S. 109, Sven Simon S. 118 o., shutterstock S. 125, Hohlfeld S. 150u., Tobias Wölki S. 158, S. 159; Helge Jepsen S. 17, Tim Koch S. 32, S. 41, S. 58, S. 72, S. 81, S. 118u., Gregor Lauenburger S. 163, Kirsten Mikus S. 73, NDR S. 154, *picture alliance*: United Archives/kpa S. 39, dpa/Jonas Güttler S. 110; Regionalverband Ruhr/RVR S. 65, Reprodukt Verlag S. 153, Familie Tauber/Hildebrand: S. 164–169, Dirk Uhlenbrock S. 97, ullstein bild/von der becke: S. 148